AF558850

Michael Kaufmann OSB

Benediktinerabtei Metten
Pfarr- und Klosterkirche St. Michael

„Das Sichtbare ist vergänglich,
das Unsichtbare ist ewig“.

2 Korinther 4,18

Michael Kaufmann OSB

Benediktinerabtei Metten

Pfarr- und Klosterkirche St. Michael

tempus fugit – testimonium manet

Entwicklungsgeschichte
der Benediktinerabtei Metten
VIII. Teil

Umschlagsbild:
Blick auf die Kirchenfassade von Westen
(Foto: Norbert Neuhofer)

1. Auflage 2024
Deutsche Erstausgabe

EOS – Editions Sankt Ottilien
www.eos-verlag.de
mail@eos-verlag.de

ISBN 978-3-8306-8235-6

Bibliografische Information der Deutschen Bibliothek
Die Deutsche Bibliothek verzeichnet diese Publikation in der Deutschen Nationalbibliografie; detaillierte bibliografische Angaben sind im Internet unter http://dnb.ddb.de abrufbar.

Pustet Druckerei Regensburg
Printed in Germany

Vorwort

Tempus fugit – mandatum manet

Der Untertitel, übersetzt „die Zeit vergeht – die Botschaft bleibt", gibt die Hauptstruktur für die vorliegenden Texte und Bilder vor. Das Umschlagbild mag es optisch vermitteln: Die Turmuhren künden von der voranschreitenden Zeit, der Erzengel Michael dazwischen repräsentiert den bleibenden Auftrag. Im ersten Teil – „tempus fugit" – werden die wichtigsten baulichen Entwicklungen und Veränderungen chronologisch aufgezählt. Mag manches auf den ersten Blick überflüssig oder unwesentlich erscheinen, so werden wir doch an zahlreichen Stellen hingewiesen auf den wechselnden Zeitgeschmack, auf die beständig erforderlichen Wartungen und Reparaturen, bis hin zu den gestalterischen Umbauten. Was die eine Epoche auszeichnet und schätzt, wird später teilweise wieder abgewertet oder sogar verworfen. Heute präsentiert sich die Kirche weitgehend im spätbarocken Gewand. Frühe baugeschichtliche Darlegungen müssen oftmals hypothetisch bleiben. Mit anderen Barockkirchen vergleichend ist es wohl berechtigt, eine gewisse Kontinuität zu den bereits vorgegebenen Baustrukturen und alten Grundmauern vorauszusetzen. Trotz aller Öffnung für den jeweils neuen Baustil versuchte man doch vor allem an die örtliche Tradition anzuknüpfen. Allein aus finanziellen Gründen konnte man nicht durchwegs an einen völligen Neubau herangehen, eher zu einer neuen „Einkleidung" vorhandener Elemente. Daher wurden auch Zitate aus der Literatur aufgenommen, um diesen ständigen Gesinnungswandel zu dokumentieren.

Im zweiten Teil – „mandatum manet" – wird versucht, den bleibenden Auftrag zu erspüren, der in dieser Kirche von Architektur und bildender Kunst vermittelt wird. Die gesamte Darlegung will bewusst kein „Kunst- oder Bildband" im herkömmlichen Sinn sein – dazu bräuchte es ein anderes Format und tiefere kunstgeschichtliche Würdigungen –, sondern will die bisherigen Erkenntnisse zusammenfassen und biblische sowie katechetische Aussagen im Detail und insgesamt herausfiltern. Die Klosterkirche ist zu sehen als ein Gesamtkunstwerk, zusammengesetzt aus vielen Einzelheiten. Der interessierte Betrachter kann dem zustimmen oder aus seiner Warte neue Deutungswege suchen. Die weit ausgedehnte Klosteranlage vor Augen, genießt die Kirche durchwegs das unbestrittene Hauptaugenmerk. Der Kircheneingang ist indirekt auch der Haupteingang zum Kloster. Die Klosterpforte konkurrierte durch alle Zeitläufte nicht mit einem prächtigen Portal, denn der Ordensvater Benedikt ordnet an, einen Gast zuerst in das Oratorium zu führen.

Das Dach liegt wie eine aufgeschlagene Heilige Schrift über dem Gesamtraum und erinnert noch einmal an die Funktion der Kirche, Gotteshaus und Gottesdiensthaus zu sein: *„Ecce tabernaculum Dei cum hominibus"* (Offb 21,3).

Die Anregung für die folgenden Texte ist zunächst persönlicher Art: In dieser Kirche wurde ich getauft, ging erstmals hier zur Beichte, feierte am 23. April 1961 die Erstkommunion und diente als Ministrant, damals noch an allen Altären. Nach dem Wegzug unserer Familie hat es mich zehn Jahre später wieder nach Metten zurückgezogen: im Mönchschor hinter dem Hochaltarbild „St. Michael" hat mich Abt Augustinus Mayer OSB am 15. August 1971 als Benediktiner eingekleidet, ein Jahr später legte ich bei Abt Emmeram Geser OSB die Einfache Profess, am 23. September 1978 zusammen mit dem späteren Abt Wolfgang Hagl OSB die Feierliche Profess ab, am 25. Juli 1981 erteilte mir Erzbischof Augustinus Mayer OSB die Priesterweihe, einen Tag später fand die Primiz statt. Alles zusammen Grund genug, die Kirche intensiv und mit großem Dank in Augenschein zu nehmen – denn bei meinem letzten Aufenthalt in dieser Kirche wird meine Sendung in dieser Welt abgeschlossen sein.

Metten, Osterzeit 2024,
dreihundert Jahre nach der barocken Neugestaltung.
u.i.o.g.d.
P. Michael Kaufmann OSB

Inhaltsverzeichnis

TEMPUS MANET – DIE BOTSCHAFT BLEIBT

„TEMPUS FUGIT“ – BAUGESCHICHTE

Abb. 1.1. (oben): Im Hintergrund die freigelegte romanische Turm-Nordwand, links die Innenseite der romanischen Klostervierung. Nh.

Abb. 1.2. (unten): Das romanische Turm-Untergeschoß mit Wendeltreppe. Nh.

1. Spurensuche nach der romanischen Basilika

Über Form und Größe der karolingischen Mettener Klosterkirche wissen wir nichts, eine vorromanische Bauphase bleibt bislang mangels archäologischer Erkenntnisse verborgen. Hierin gleicht die Baugeschichte derjenigen zahlreicher Klöster, über deren älteste Bauten meist nichts überliefert ist. Ein gewisser Anhaltspunkt über Ausdehnung der ersten Klostervierung und der Größe einer südlich anliegenden Kirche könnte jener am westlichen Kreuzgang anliegende Gebäudeteil sein, in dem seit 1997 die „Benediktuskapelle" eingerichtet ist.

Eine kleine und mit Besitz nicht allzu üppig ausgestattete Abtei wie Metten musste bei Neu- und Vergrößerungsbauten wohl allein aus finanziellen Ursachen die Fundamente und viel Baumaterial des jeweiligen Vorgängerbaues übernehmen. Auch für Metten stellt sich die Frage, wie viel Romanik und Gotik in oder unter den durchwegs barock gestalteten Mauern verborgen ist oder sich wenigstens bruchstückweise erschließen lässt. Die aktuellen Erkenntnisse zur Kirche liefert Karl Schmotz in seinen Beiträgen Ende des 20. Jahrhunderts.

Lange vor ihm versucht Pater Wilhelm Fink provisorisch, aber ziemlich konsequent, eine am sogenannten „St. Gallener Klosterplan" aus dem ersten Viertel des 9. Jahrhunderts angelehnte Rekonstruktion und geht bei der Wiedereinführung der Benediktiner 1157 von einem Umbau nach einem strengen Hirsauer Bauschema aus[1]. Allerdings handelt es sich beim St. Gallener Grundriss um einen Idealplan für eine umfangreiche benediktinische Klosteranlage aus der karolingisch geprägten Reformbestrebung Benedikts von Aniane und der Aachener Synoden 816/817. Eine gewisse Vorbildfunktion ist ihm nicht abzusprechen, soweit nicht regionale Begebenheiten andere Strukturen und Ausmaße vorgaben. Mit St. Gallen hat dieser Plan insofern zu tun, als dieses wertvolle und viel diskutierte Dokument – adressiert an Abt Gozbert von St. Gallen (816–837) – im dortigen Stiftsarchiv aufbewahrt wird; entstanden ist es der Tradition nach im Bodenseekloster Reichenau[2].

1 Fink, Kirche 1920, 10–11.

2 Schedl 2014. – Tremp 2016.

Abb. 1.3.: Ausgrabungen im nördlichen Sakristeibereich 1994. Sch.

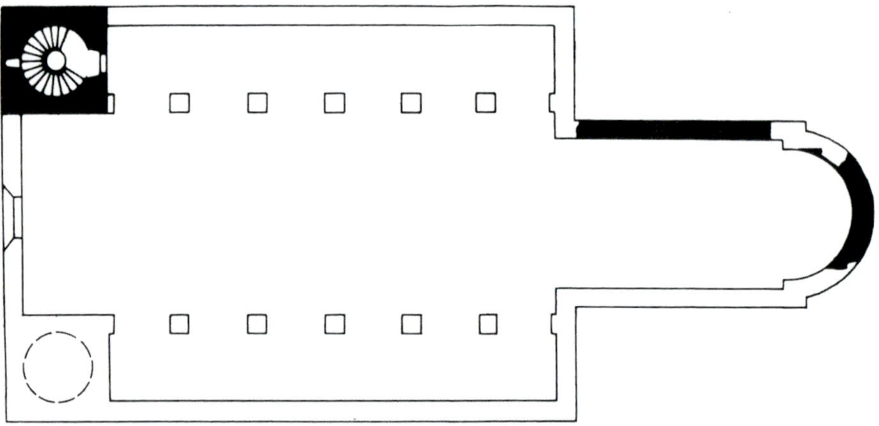

Abb. 1.4.: Grundriss der Kirche mit Markierung der romanischen Halbrundapsis. Schmotz 2001, 61, Abb. 21.

Die Forschung hat sich vom Gedanken einer verpflichtenden „Hirsauer Bauschule" mittlerweile verabschiedet[3]. „Es gab jedoch für eine Zeitspanne von 40 oder 50 Jahren Konvente, die ähnlichen oder gleichen Gewohnheiten folgten"[4]. Neben den klaren Raumstrukturen gelten der konsequente Verzicht auf eine Krypta und auf die Einwölbung der Seitenschiffe, sowie die Betonung des östlichsten Arkadenabschnitts im Langhaus vor der Vierung als typische Hirsauer Komponenten, die man nach Ermessen für Metten durchaus ohne zwingende Identität annehmen darf. Beim vergleichenden Studium allein der niederbayerischen romanischen Klosterkirchen zeigt sich die sog. Hirsauer Tradition, aber ohne verbindliche Schablone.

Über die romanischen Ausmaße liefern endlich seit 1994 teilarchäologische Ausgrabungen im Sakristeibereich weiterführende und wesentliche Hinweise[5]. Ausgangspunkte dafür sind seither eine neu entdeckte halbrunde Apsis von etwa sechs Metern Breite sowie das schon vorher bekannte romanische Untergeschoß des Nordturms mit Wendeltreppe und quadratischem Grundriss.

Da auch der Standort des Südturms gesichert ist, darf man von einem Westturmpaar ausgehen, was bald nach 1000 bei altbayerischen Klosterkirchen üblich wurde.

Lässt man die Abbildung auf dem kunstvollen Einbanddeckel des Mettener Evangeliars von 1414/15 als authentisch gelten, so sehen wir von außen eine dreischiffige romanische Basilika mit Obergadenfenstern im Langhaus und einem Westturmpaar mit Querverbindung vor uns, im Innern wohl als eine von Holz flachgedeckte Pfeilerbasilika strukturiert. Nimmt man die von Wilhelm Fink mit eigenhändig angefertigtem Aufmaß erwähnten Fundamentreste zu Rate[6], so ergänzt sich der Befund um zwei epochentypische Anbauten gleicher Länge mit geradem Abschluss[7].

3 Rüffer 2009, 20..

4 Rüffer 2009, 57–58.

5 Schmotz 2001, 31–78. Die folgenden Ausführungen beziehen sich auf diesen Text.

6 Fink, Kirche 1920, 64–65. – „Bei Anlage von Gräbern konnten ihre Fundamente an mehreren Stellen festgestellt werden. Sie ziehen in westlicher Richtung gegen das Missionskreuz hin, das dort in der Neuzeit aufgestellt wurde. Sein Sockel ist 22 m von der Kirche entfernt; die Vorhalle bildete also ein Quadrat". Fink 1937, 238.

7 Fink, Kirche 1920, 65. – Dazu Strobel/Weis 1994, 21: „Die Chorlösungen der romanischen Kirchen in Bayern differieren nur wenig. Bekannt und am ver-

Abb. 1.5.: Eine zweite, rechteckige Apsis jüngeren Datums könnte in Folge des Großbrandes nach 1236 entstanden sein. Sch.

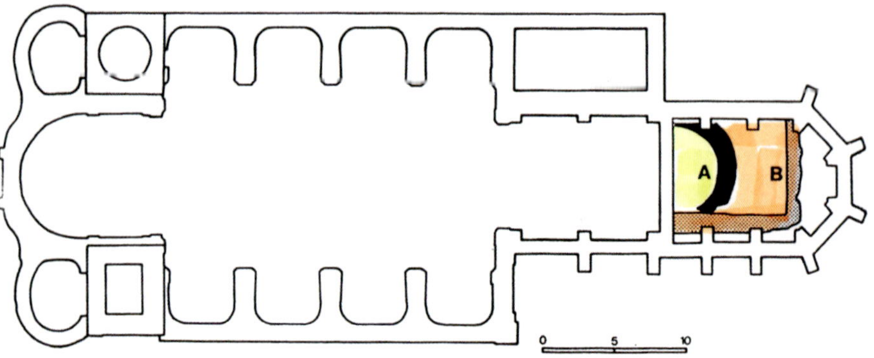

Abb. 1.6.: Grundriss mit der zweiten rechteckigen Apsis. Sch.

Abb. 1.7.: Kaiser Karl d. Große mit Kirchenmodell auf dem Einbanddeckel des Evangeliars von 1414/15. Bayerische Staatsbibliothek, Clm 8201. Detail-Repro Nh.

Der südliche Apsisanbau diente bis 1450 u.a. als Konventbegräbnis und ist teilweise überdeckt von einem späteren Verbindungsbau zum sog. „Seniorat", der nördliche lässt sich in der sog. „Wintersakristei" weiter bis zur Treppenkante beim jetzigen Sakristeieingang lokalisieren. Ausgerechnet an diesen beiden Stellen sind archäologische Grabungen nicht möglich. Wilhelm Fink erwähnt aber am ersten Absatz des Treppenaufgangs die lange Zeit sichtbaren Konturen vom oberen Segment des ehemaligen Eingangs zur Kirche, was mittlerweile durch erneuerten Mauerputz nicht mehr erkennbar ist.

Dem Bautyp entsprechend erstreckte sich folglich die Kirche mit einer mittleren Apsis und zwei geradlinigen Seitenabschlüssen nach Osten und einer Vorhalle im Westen, genannt „Paradies" oder „Galiläa". Der während der genannten Grabungen von 1994 entdeckte jüngere und rechteckige Altarraum, zeitlich zwischen dem 12. und 15. Jahrhundert, lässt sich vielleicht mit dem Wiederaufbau nach dem Großbrand

breitetsten ist der Dreiapsidenabschluss, der die sogenannte bayerisch-alpenländische Basilika kennzeichnet. So altertümlich er wirkt, so charakteristisch ist er für die beharrende und genügsame Situation des bayerischen Kirchenbaus. Allerdings haben häufig jüngere Umbauten die Ostpartie verändert. Durch Grabung, ältere Pläne oder Apsidenreste ist aber der Dreiapsidenabschluss an verschiedenen Kirchen nachzuweisen (Walderbach, Reichenbach, Steingaden, Fischbachau). Daneben gibt es die gerade schließenden Seitenschiffe mit großer Mittelapsis, so mehrmals in Regensburg (Dom, Ober- und Niedermünster, St. Leonhard), in Plankstetten und Bad Reichenhall/St. Zeno, oder an kleineren dreischiffigen Dorfkichen Pfaffmünster und Aiterhofen".

von 1236 erklären[8], bei dem Kloster und Kirche zerstört, aber größtenteils auf den alten Grundmauern bis 1264 wieder aufgebaut wurden.

1236
Brandunglück über Kirche und Kloster.
„Anno Domini 1236 combustum est hoc Monasterium S. Michaelis in Metten, et omnia membraneis diruta atque destructa, sub Bernoldo Abbate"[9]. Wilhelm Fink erklärt die Ursache einer derart umfassenden Zerstörung: „Im Westtrakt konnte eine Mauer festgestellt werden, die zwischen zwei Reihen Bruchsteinen mit faustgroßen Kieselsteinen gefüllt ist. Bei solchen Gußmauern wurde heißer Mörtel verwendet. Wurden diese Kiesel bei Bränden erhitzt, so wirkten sie wie Sprengstoff. Heute noch findet sich in drei Metern Tiefe Brandschutt, der von der damaligen Brandkatastrophe herrührt. Es dauerte fast ein Menschenalter, bis Kirche und Kloster wieder hergestellt waren"[10].

1264
Die Klosterkirche kann wieder geweiht werden. Wilhelm Fink schreibt zwar, „am Pfingstdienstag des Jahres 1264, einem 5. Juni, weihte Bischof Leo Tundorfer die Kirche von neuem"[11]. Der 5. Juni 1264 war allerdings ein Donnerstag und der Pfingstdienstag fiel auf den 10. Juni. So ist zu vermuten, dass hier wie auch später 1729 Konsekrations- und Kirchweihtag nicht identisch sind.

1291
Dietrich von Vorst (Wildenforst) stiftet 1291 Bau und Ausstattung eines Familienbegräbnisses in einer Kapelle zu Ehren des Apostels Andreas[12]. Standort ist in etwa die dem Nordturm vorgesetzte jetzige sog. „Taufkapelle" auf der Evangelienseite des Kircheneingangs. Darin befand sich der Grabstein von 1464 des Erhard von Wildenforst in der Andreaskapelle[13], jetzt im Kreuzgang des Klosters.

8 Böhm-Schmotz 1996, 253.
9 Märkl, Series 1236.
10 Fink, Geschichte der Anlage 1937,240.
11 Fink, Geschichte der Anlage 1937,240.
12 Kaufmann, Chronik 2016, 97.126
13 Kaufmann, Chronik 2016, 193–194.

Abb.1.8.: Grabdenkmal für Abt Ulrich I., jetzt als Tragstein eingemauert. AAM, Repro Nh.

1297
Abt Konrad von Auerbach (1287–1297) wird in der Mitte der Kirche bestattet. Sein Grabstein samt Inschrift ist im 19. Jahrhundert noch vorhanden: *„hic jacet F. Chunradus de Aurbach, Abbas hujus loci ob. in die S.P.N. Benedicti A.D. MCCXCVII. Ora pro eo"*[14].

1315
Eberwin von Degenberg wird als erster seiner Familie an den Südturm der Klosterkirche angelehnte Laurentiuskapelle bestattet[15].

1317
Abt Ulrich I. (1297–1317), während seiner Studien in Bologna dort verstorben und im Kreuzgang des Dominikanerklosters begraben, erhält im Kreuzgang ein Denkmal beim Altar des hl. Erhard. Dieser Denkstein wird später als Gewölbetragstein beim nördlichen Zugang zur Empore eingesetzt, gelegentlich als Grabdenkmal für Abt Ulrich II., 1317–1319, benannt.

1324 (?)
Wittmar von Degenberg wird im Familienbegräbnis, der Kapelle St. Laurentius, bestattet[16].

1348
Petronilla von Degenberg wird in der Laurentiuskapelle bestattet[17].

1385
In der Laurentiuskapelle wird Ritter Johannes von Degenberg, verwandt zum derzeitigen Abt Altmann von Degenberg (1382–1389) bestattet[18].

14 Mittermüller 1856, 55. – Fink 1954, 78 bestätigt: „Sein Grabstein war dort bis zum Jahre 1884 zu sehen, bis ihn das neue Pflaster, das damals die Kirche erhielt, verdeckte". – Kaufmann, Chronik 2016, 102.
15 Brusch 1692, 29. – Kaufmann, Chronik 2016, 126.
16 Brusch 1692, 29.
17 Brusch 1692, 30.
18 Brusch 1692, 30.

1393
Friedrich von Degenberg wird in der Laurentiuskapelle bestattet[19].

1427
Abt Petrus I. (1389–1427) wird an der rechten Chorseite der Apsis bestattet und ein Gedenkstein in der Wand eingelassen[20].

1438

Wiguläus Gewolf von Degenberg, Sohn des Friedrich von Degenberg [<1393], wird in der Laurentiuskapelle beim Eingang zur Klosterkirche begraben[21].

1446
Abt Andreas I. (1427–1446) wird in der dem Chor anliegenden Benediktuskapelle [jetzt: Wintersakristei] vor dem Altar bestattet[22]. Der Hinweis auf diese Kapelle und auf die Begräbnisstätte bestätigt die Anbauten nördlich und südlich des Chores und der Apsis.

19 Brusch 1692, 31.
20 Brusch 1692, 31.
21 Brusch 1692, 31. – Mittermüller 1856, 104. – Fendl 1983, 18. – Kaufmann, Chronik 2016, 186.
22 „Sepelitur in sacello S. Benedicti ante aram". Brusch 1692, 31.

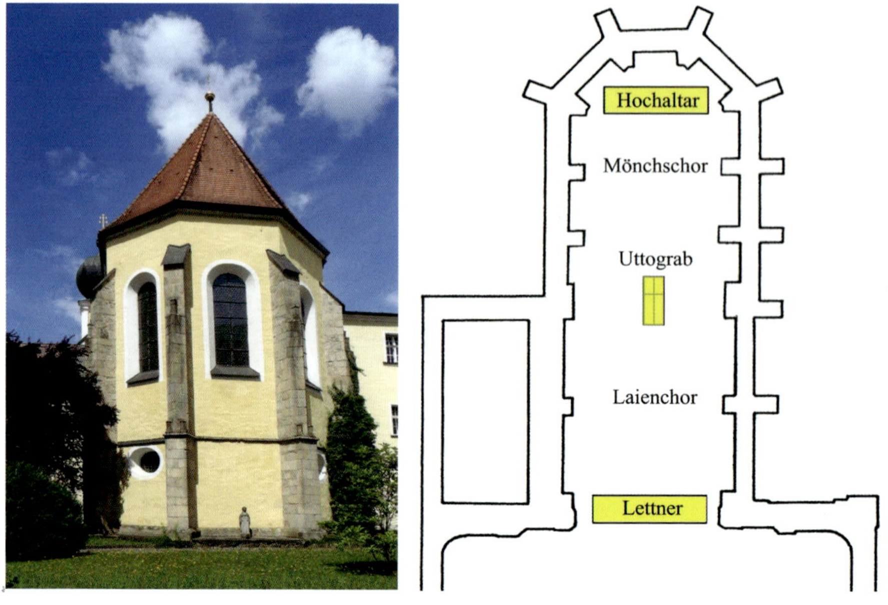

Abb. 2.1. (links): Außenansicht der neuen gotischen Apsis. Nh.
Abb. 2.1.a. (rechts): Der Altarraum ab ca. 1453 mit Hochaltar und Uttograb. Graphik Nh.

Abb. 2.1.b.: Überrest des Chorgestühls in der gotischen Apsis. Germanisches Nationalmuseum München, Inventar Nr. MA 2635.

2. Schritte zum gotischen Umbau

2.1. Östliche Verlängerung des Chores 1451–1459

Die Kirche wird unter Abt Petrus Vältl (1446–1459) im spätgotischen Stil umzubauen angefangen bei der Apsis mit bisher geradem Abschluss und mit dem Neubau des Choraltares. Aus dieser Zeit stammt der dreiseitige Chorabschluss.

Eine optische Hilfe von außen bietet das Kaffgesims aus Granit, das auf der Linie des jetzigen Hochaltares endet. In einem zweiten Bauabschnitt folgt offenbar der Umbau des übrigen Chores zusammen mit dem Anschluss an das Langhaus.

> *„Porro Abbas Petrus aedificavit chorum templi, ita author anonymus, annum nunc allegat“*[23].

1452
Ablassbrief des Kardinals Petro Barbo (1417–1471) mit der römischen Titelkirche San Marco (Bischof von Vicenza 1451–1459; Papst Paul III. 1464–1471), für das Kloster Metten[24].

1459
Abt Petrus Vältl (1446–1459) wird als Erster vor dem neuen Hochaltar bestattet[25].

2.2. Erneuerung des Langhauses 1459–1478

Abt Johannes Höpfl (1459–1479) lässt, anschließend an den neuen gotischen Chor, das Langhaus der Kirche im gotischen Stil umbauen. Die Außenmauern der Seitenschiffe werden zur Höhe des Langhauses emporgezogen und mit großen Fenstern versehen. Die bisherigen Obergadenfenster entfallen; auf ihrer Linie stehen nun die ebenso bis zum

23 AAM, Stöckl 25. – Kaufmann, Chronik 2016, 188–189.

24 BayHStA, Kloster Metten, Urkunden 90. – Kaufmann, Chronik 2016, 189.

25 „Sepelitur ante aram maximam Chori pulcherrime a se renovati et sedilibus novis illustrati“. Brusch 1692, 31.

Abb. 2.2.: Den ungefähren Eindruck für einen gotischen Choranbau an ein romanisches, doppeltürmiges Langhaus kann ohne zwingende Identität mit Metten die ehemalige Benediktinerkirche in Auhausen bei Weißenburg (Diözese Eichstätt) vermitteln. AAM, Repro Nh.

neuen gotischen Gewölbe durchgezogenen Stützpfeiler. Die Höhe der bisher romanischen Seitenschiffe und eine an gleicher Stelle beim gotischen Umbau entstandene durchgehende Galerie deutet sich evtl. in je vier Emporen auf der Nord- bzw. Südseite an, die bei der barocken Gestaltung für die vier rückwärtigen Seitenaltäre um je zwei Einheiten unterbrochen wurde.

> „*Summam eius [scil. Coenobii] Basilicam de novo totam condidit et firmissima testudine concameravit eamque cum ambitu marmore stravit*“[26].

1478

Auch für die gotische Kirche wird der Pfingstdienstag als Kirchweihtag begangen. Der Pfingstdienstag war der 1. Juni. Es ist davon

26 Brusch 1692, 31(39). – Fink 1920, 11, erklärt ausdrücklich: „summa basilica, ecclesia principalis, monasterium bedeuten das Hauptschiff der Kirche, das Langhaus im Gegensatz zum Chor. Abt Johannes I. hat das Langhaus von neuem ganz erbaut, mit einem sehr festen Gewölbe eingedeckt und mit Marmorpflaster belegt.“ – Ohne eine absolute Identität in Maß und Ausmaß aufzwingen zu wollen, bietet die Betrachtung der 1463 fertiggestellten Oberaltaicher Hauswallfahrt auf dem Bogenberg einen Eindruck davon, wie die gotische Kirche in Metten bis 1712 in etwa ausgesehen haben mochte; man verlängere lediglich optisch den Chorbereich für eine Klosterkirche um zwei Joche. Das dreischiffige Langhaus mit seinen je vier niedrigeren Seitennischen liefert einen guten Anhaltspunkt für die Grundstruktur der Mettener gotischen Kirche.

auszugehen, dass evtl. auch hier aus liturgischen Gründen Konsekrations- und Kirchweihtag differieren wie <1264 und >1729.

1545–1563
Das Konzil in Trient wird Impulse zur liturgischen Umgestaltung bewirken, die in Metten ab Mitte des nächsten Jahrhunderts bis zur barocken Ausschmückung im 18. Jahrhundert verwirklicht werden.

2.3. Ergänzungen und Veränderungen bis 1680

1604
Abt Johannes III. Nablas (1595–1628) lässt eine Orgel aufstellen. Sein späterer Nachfolger Abt Roman II. Märkl notiert dazu: *„Hoc anno erigitur in nostra Ecclesia Majus Organum, opus a nemine non laudatum, praesertim Musices peritis, Magistro Henrico Hautz"* [In diesem Jahr wird in unserer Kirche eine größere Orgel aufgestellt, ein von jedermann gelobtes Werk, besonders von Musikkennern, (wie) Heinrich Hautz].[27]

1617
Abt Johannes III. beschafft eine neue Glocke, gegossen bei Georg Lehner, Straubing.
Patrone: St. Michael, Muttergottes von Altötting, Heiliges Kreuz.
Der obere Kranz trägt die Inschrift.

> *„Joannes Nablas. D. G. Abbas huius loci MDCXVII",*

Inschrift am unteren Kranz:

> *„Zu Gotes Lob und Ehr geher ich, Georg Lehner, Burger in Straubing hat gossen mich. 1617 Jar".*

Die Glocke schmückten die Bilder der Muttergottes von Altötting, des hl. Erzengels Michael, des Hl. Kreuzes Christi und das Wappen des Abtes mit den drei Lilien.

Befreit von der Beschlagnahme 1917 für den 1. Weltkrieg, abgeliefert > 1942 im 2. Weltkrieg[28].

---

27 AAM, Märkl 1604. – Fink, Orgelstudien. AJM 24, 1957/58, 113. – Auer 1997, mit Kopie des Originaltextes.

28 Fink, Kirche 1920, 59. – Zimmermann, Nova et vetera 1948, 58.

Abb. 2.3.1.: Kloster und Kirche Metten 1619 in der „Monasteriologia“ von Karl Stengel (1581–1663). Gute Ansicht von Westfassade, Langhaus und Chor mit Glockentürmchen. AAM, Repro Nh.

1620
Eine Bruderschaft des hl. Märtyrers Sebastian wird errichtet, genehmigt vom Regensburger Bischof Albert IV. von Toerring (1613–1649). Die Bruderschaft wird vom Papst bestätigt >1636 und >1701, neu errichtet >1868[29].

1630
Neue Orgel.
Altar zu Ehren des hl. Sebastian.
Sieben Fälltafeln (Kreuzweg).

1631
Die gesamte Kirche wird renoviert und alle Fenster neu verglast. Die gotische Kirche steht mittlerweile etwa 150 Jahre.

29 Mittermüller 1856, 158. – Kaufmann, Chronik 2016, 250.

1636

Mit Urkunde vom 13. Februar bestätigt Papst Urban VIII. (1623–1644) die <1620 errichtete Sebastiani-Bruderschaft[30]. Der Granit-Opferstock in der Kirche trägt die Jahreszahl „1643".

1646

Abt Maurus Lauter (1645–1650) lässt den Hochaltar aus der Apsisnische heraus in die Mitte des Chorraumes an die heutige Stelle versetzen[31]. Damit folgt er dem nachtridentinischen Trend, zeitgleich den als störend empfundenen Lettner[32] samt Laien-Kreuzaltar als bisherigen Abschluss des gesamten Chorraumes zu entfernen und die Blickachse zu verlängern[33]. Optisch erfüllt jetzt der Hochaltar die Funktion eines „Lettners", denn der Mönchschor befindet sich nun nicht mehr im vorderen Bereich zwischen Hochaltar und Lettner, sondern wiederum unsichtbar, hinter dem Hochaltar in der freigewordenen Apsis.

Die im alten Apsisboden eingelassenen Grabdenkmäler der Äbte werden entfernt; die Platten werden rückseitig für die neuen Hochaltar-Stufen verwendet [bestätigt sich > 2014]. *„Chorum quoque marmore stravit, et pro gradibus altaris adplicavit lapides sepulchrales Antecessorum."*[34]

Am neuen Standort des Hochaltars befand sich bisher das Hochgrab des seligen Gründerabtes Utto mit dessen Reliquien. Das Uttograb samt Reliquien wandert im neu eingerichteten Altarraum auf die Evangelienseite.

---

30 AAM, Mettener Urkunden, U 93. – Mittermüller 1856, 158.

31 Hartig 1939, 295, erwähnt einen Befehl von 1618 des Herzogs Maximilian I. zur Beseitigung der Lettner aus den Kirchen. Noch weiter zurückgreifend dürften die Bestimmungen des Konzils von Trient und die Tätigkeit des hl. Karl Borromäus für ein neues Kirchenbauideal ausschlaggebend sein, die Lettner zu beseitigen.

32 „Verkündigungsort des Lettners (vom lat. Lectorium = Vorleseort). Es handelt sich um einen hohen, tribünenartigen Aufbau zwischem dem langgestreckten Chorraum und dem Hauptschiff. Dadurch wurde das Gotteshaus praktisch in zwei Hälften geteilt, die ‚Herrenkirche" und die ‚Leutekirche'. Meist befand sich zwischen den beiden seitlichen Durchgängen in der Mitte ein dem heiligen Kreuz geweihter Altar, an dem die Messen für die Laien zelebriert wurden". Adam 1984, 119.

33 Heid 2014, 94.

34 AAM, Stöckl 1646.

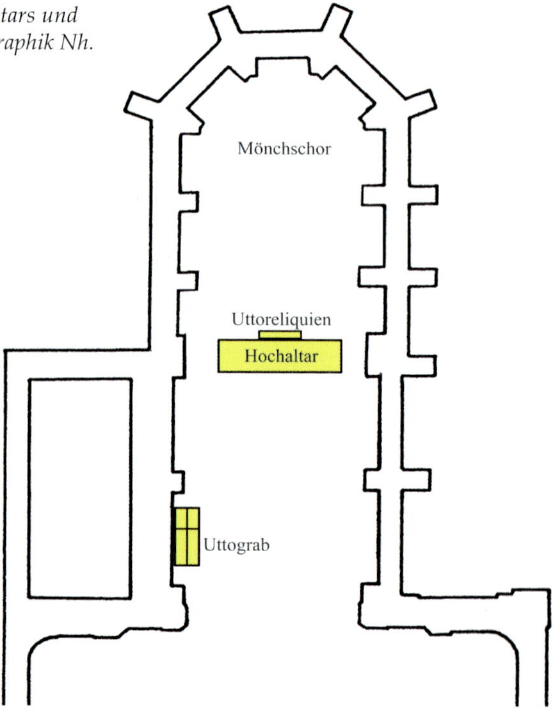

Abb. 2.3.2.: Versetzung des Hochaltars und Verlegung des Uttograbes 1646. Graphik Nh.

Mönchschor

Uttoreliquien

Hochaltar

Uttograb

Abb. 2.3.3. und 2.3.4.: Ausgebaute und anschließend wieder eingesetzte Altarstufen 2014. Sam

„Hic [Abbas] 1646 cum licentia Alberti Episcopi Reliquias B. Uttonis ad cornu Evangelii levavit, locavitque 3 Maii“[35].

1647

„hat er das Chor thürml Von neuem in forma wie noch zu sehen richten, das Capitl Pflastern und St. Benedict Altar alldorten fassen lassen“[36].

1679

Zum Schließen der Kirche während des Chorgebetes wird ein in Passau gefertigtes, vom Maler gefasstes eisernes Gitter eingesetzt[37].

35 AAM, Stöckl 1646.

36 Cat. Abb. 1644. – Fink, Kirche 1920, 19.

37 AAM, Memoiren des Abtes Benedikt Ferg (1686–1706).

3. Entwicklung der barocken Kirche

3.1. Der barocke Südturm 1680/1681

1680, 24. Mai Grundsteinlegung

Abt Roman I. Schäffler (1668–1686) lässt den baufälligen Südturm von Grund auf neu errichten und mit einem neuen Glockenturm versehen. *„Die 24. Maij primum pro nova turri, domum Judicis respiciente, lapidem loco D. Abbatis ponere iussus est Franciscus Höldt, parvulus 6 an. Judici nostri filiolus"*[38]. Der genannte Knabe Franziskus von sechs Jahren ist der spätere Abt Benedikt Höld >1629.

1681, 26. Juni, Fertigstellung einschließlich der Kuppel

> *„Die 26. Junii parietes novae turris absolventur et mox tectum seu Cuppula imponi coepit eo successo, ut die 12. Julij (campanis interes feliciter appensis) crux Hysp. Super Epistijlium figi posset"*[39].

1681, 12. Juli, Aufsetzen des Turmkreuzes

Inschrift an der Westseite des Südturmes:

> *„Ad omnipotentis Dei eiusque Matris Virg. Mariae gloriam et honorem S. Michaelis arch. Patroni nostri hac turrim vetustate ruinosam demolitus est et a fundamentis novam eduxit adm. Rds et amplissimus Dns Dns Romanus Abbas huius monasterii Mettensis anni MDCLXXX et LXXXI".*

1686

Am 26. September stirbt Abt Roman I. Schäffler; sein Begräbnis befindet sich rechts des Marienaltars. Aus den restlich erkennbaren Buchstaben in der Bodenplatte lässt sich sein Name erschließen.

Abb. 3.1.1.: Begräbnisnische für Äbte: Totenkopf mit Mitra. Nh.

---

38 AAM, Märkl 1680.

39 AAM, Märkl 1681. – AAM, Stöckl 44, nennt andere Jahreszahlen: „Turrim Ecclesiae adnexam (veteri quotidie ruinam minitante) a. 1682 et 83 a fundamentis erexit, et novo campanili instruxit".

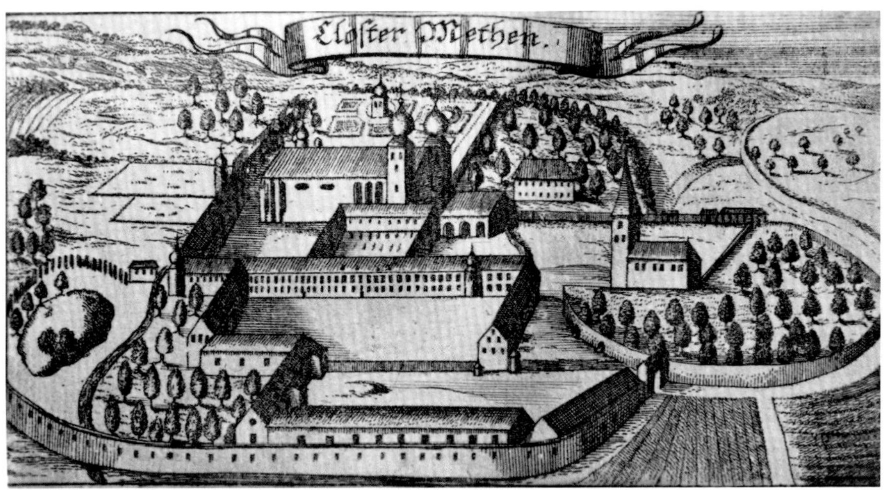

Abb. 3.2.1.: Kupferstich von Johann Ulrich Krauß (1655–1719). Idealisierte Ansicht des erst 1696 angeglichenen Nordturms. Chur-Bayerischer Atlas von 1690 von Anton Wilhelm Ertl (1654–1715). AAM, Repro Nh.

1688, 1. Oktober
Weihbischof (1687–1715) Albert Ernst von Wartenberg (1635–1715) aus Regensburg benediziert drei Altäre: Hl. Kreuz, hl. Sebastian, hl. Nikolaus[40].

3.2. Der barocke Nordturm 1696

Abt Benedikt I. Ferg gleicht 1696 den noch gotischen Nordturm dem barocken Südturm an, demnach zeigten die beiden Türme 15 Jahre lang ein unterschiedliches Erscheinungsbild[41].

> *„Zu größeren Ehr Gottes, B: V: Mariae, dan sancti Caroli Magni Huius Monasterii ad sanctum Michaelem Arch: Metten. Fundatoris Munificentissimi, wie auch zu mehrer Zier dess lobl: Stift's und Klosters ist der vormals gegen der Abtey abgetragene Kirchenthurm wiederumb glücklich aufgeführt worden"*[42].

40 Bayerische Staatsbibliothek, Clm 1301.

41 Mangels authentischer Abbildung sei verwiesen auf Schiefermüller 2023, 35. Die Kirche der österreichischen Abtei Admont mit zweierlei Türmen jeweils erbaut um 1625 und 1711, also mit noch größerem zeitlichen Abstand.

42 AAM, Memoiren des Abtes Benedikt Ferg.

Abb. 3.2.2.: Gotische Apsis mit Sonnenuhren, AAM, Repro Nh.

Abb. 3.2.3.: Inschrift am Nordturm. Bayerische Akademie der Wissenschaften, Inschriftenkommission.

Inschrift an der Westseite des Nordturms:

> „*Summo regi gloriae Virgini Deiparae, D. Carolo Magno Fundatori munifico haec. quam astra cernis monstrantem iter Turris erecta est. Ab adm. Rev. et Amplissimo D. D. Benedicto Abbate in Metten anno MDCXCVI.*"

1695

Am 8. August stirbt P. Cölestin Jungwirth (Profess 1659), gerühmt als Mathematiker und Astronom, von dem mehrere Sonnenuhren und Schattenanzeiger angefertigt wurden.

1701

Papst Clemens XI. (1700–1721) erweitert die Ablässe für die <1620 errichtete Sebastiani-Bruderschaft[43].

43 Mittermüller 1856, 158–159.

1702, 17. Juli
In der Eingangskapelle „St. Andreas“ wird ein vorhandener Altar durch einen neuen ersetzt[44].

1703, 24. Februar
Die Eingangskapelle „St. Laurentius“ erhält einen neuen Altar[45].

1706
Todestag des Abtes Benedikt I. Ferg (1686–1706) am 27. Januar, bestattet beim Sebastian-Altar. Seine Gebeine wurden bei Errichtung einer Vier-Kammer-Gruft >1977 aufgefunden und in einem neuen Behältnis am selben Ort wieder beigesetzt.

1712
P. Petrus Prunner (1671–1712) stirbt am 13. Dezember an der Orgel, als er während des Engelamtes eine Motette zu Ehren der Gottesmutter anstimmen will[46].

3.3. Erster Bauabschnitt 1712–1715: Apsis und Presbyterium

Die Umgestaltung der Mettener Kirche befindet sich ab 1712 in ihrem ersten Bauabschnitt, beginnend in der Apsis und im Presbyterium: dafür wird der gotische Hochaltar beseitigt, der schon seit <1646 Apsis und Altarraum trennte[47]. 1712, nach 66 Jahren, lässt Abt Roman II. Märkl (1706–1729) in einem ersten Bauabschnitt den gotischen Hochaltar sowie die gotischen Chorgewölbe entfernen. Im Apsisbereich wird ein Zwischengewölbe eingezogen, damit im Erdgeschoß die geräumige Sakristei, im Obergeschoß der neue Mönchschor Platz finden.

44 AAM, Memoiren des Abtes Benedikt Ferg (1686–1706).
45 AAM, Memoiren des Abtes Benedikt Ferg (1686–1706).
46 Fink 1926, 40, schreibt „Prinner“, Todestag 19. Dezember. – Fink, Orgelstudien 1958, 117.
47 Kaufmann, Chronik 2016, 271.

Abb. 3.3.1.: Mönchschor im Obergeschoß. Nh.

Abb. 3.3.2.: Sakristei im Erdgeschoß. Nh.

Abb. 3.3.3.: Hochaltar ab 1715. Nh.

Abb. 3.3.4.: Altarbild „St. Michael“ von Cosmas Damian Asam. Nh.

1712, 30. März

Vertrag mit dem Straubinger Schreiner Jakob Schöpf (1665–1715) für einen neuen Hochaltar, bis Pfingsten 1713 muss alles fertig sein[48]. Mit der Lieferung des Altares aus Straubing könnte plausibel erklärt sein, dass die beiden Assistenzfiguren „Kaiser Karl d. Große" und „Benedikt von Nursia" gelegentlich dem seit 1706 in Straubing ansässigen Bildhauer Franz Mozart (1681–1732) zugeschrieben werden[49].

1714, 7. Juni

Vertrag mit Joseph Anton Merz (1681–1750), Straubing, und Sebastian Nickl, Plattling, zum Fassen von Hochaltar und Bildhauerarbeiten[50].

1715, 30. September

Das Hochaltarbild „Hl. Erzengel Michael" liefert Cosmas Damian Asam (1686–1739), erst 1714 von seiner Weiterbildung in Rom nach München zurückgekehrt, so ist das Bild eines seiner frühesten Werke[51]. Asam quittiert für 500 Gulden:

Daß der Hochwürdtige in Gott WolEdlgeborene
Herr, Herr Romanus Abbte des lobl[ichen] Stüft- und
Klosters S[ancti] Benedicti in Metten, mir Endtsbe-
nantenn für das in daselbstige Klosterkürchen
in den Hoch- oder ChorrAltar gemahlte Plat
S[ancti] Michaelis, durch Herrn Burgermeister
Haisinger in Straubing, heut dato mit
Fünffhundt[ert] Gulden baar zu meinem schuldtigen
Dankh bezahlen lassen; würdet mit meiner
Handschrüft und Pettschaft bescheint. Actum München
den 30ten September 1715

---

48 AAM, Stiftskirche Metten, Mtt I, 18a. – Kaufmann, Chronik 2016, 310.

49 Markmiller Fritz, Barockmaler in Niederbayern, Regensburg 1982, 14, äußert sich vorsichtig: es sei „anzunehmen, daß die Statuen am Mettener Hochaltar von anderer Hand, möglicherweise von dem Straubinger Bildhauer Franz Mozart geschaffen worden sind". – Friedrich Verena, Benediktinerabtei Metten, Passau 1995, wartet mit zwei Lösungen auf: Seite 26 mit „vermutlich", bei den Abbildungen 18 und 19 mit eindeutiger Zuordnung „von Franz Mozart (1714")."

50 AAM, Stiftskirche Metten, Mtt I, 18a. – Kaufmann, Chronik 2016, 313.

51 AAM, Stiftskirche Mtt I, 18a. Glasvitrine in der Barockbibliothek.

Abb. 3.3.5.: Signatur von Cosmas Damian Asam, 1715, Th.

Id est. 500 fl
(Siegel)
Cosmas Damian Asam
Maller

Während die Zuschreibung des Hochaltarbildes eindeutig ist, ergeben sich im Presbyterium für das Hauptfresko und die beiden nördlichen Bilder „St. Benedikt" und „St. Scholastika" immer wieder Zweifel. Den ersten Hinweis gibt Franz S. Meidinger 1790: *„Die Frescomalerey im Presbiterio ist von Asam"*[52]. Ernst Guldan sieht *„eine unleugbare Verwandtschaft mit Asams frühen Werken vor 1720"*. Demnach wird der erste Bauabschnitt vollständig von Asam abgeschlossen und erst im Langhaus folgt ihm ein anderer Maler nach. Asam liefert zwar einen Entwurf für Altarraum und Langhaus zugleich, der allerdings nicht ausgeführt wurde. Die Zeichnung wurde bis 1953 nicht als für Metten erkannt, sondern als Entwurf für ein nicht ausgeführtes Deckenbild im Freisinger Dom[53]. *„Lediglich die Hauptfresken im Presbyterium – darstellend den ‚Erlösungsbeschluss durch die göttliche Trinität im Gewölbefeld und die ‚Glorie des hl. Benedikt sowie der hl. Scholastika' an der fensterlosen Nordwand – sind um 1715 oder bald darauf nach seinen Entwürfen gemalt worden"*[54].

52 Meidinger 1790, 123.

53 Staatliche Graphische Sammlung München, Inv. Nr. 32375 (54x28 cm). E. Baumeister, Zeichnungen des Cosmas Damian Asam. Das Münster 6, 1953, 245–246; 258. Nr. 38, Abb.2. – Vgl. auch Guldan, 1970, 80, Anm. 152.

54 Guldan 1970, 142–143.

P. Wilhelm Fink äußert sich skeptisch zu Meidingers These von 1790, das Chorfresko stamme von Cosmas Damian Asam, die Fresken im Langhaus seien von Wolfgang Andreas Heindl: *„Seine Angaben sind mit Vorsicht aufzunehmen"*[55]. Fink lenkt sein Augenmerk vor allem auf den Freskomaler Innozenz Waräthi, *„es erhebt sich nun die Frage, inwieweit Waräthi an der Ausmalung der Stiftskirche beteiligt war"*[56]. Gegen Meidingers Zuschreibung des Chorfreskos an Asam führt er an, es sei wohl ein *„lapsus calami"* geschehen, indem „Chorfresko" mit „Chorblatt" [Hochaltarbild] verwechselt worden sei.

Dies findet er bestätigt in der Asam-Monographie von Philipp Halm von 1896: *„Was die Decke des Presbyteriums betrifft, so lässt sich kaum mehr als der Entwurf auf Cosmas zurückführen. Das Colorit ist bunt, die Zeichnung falsch, die Ausführung derb und handwerksmäßig und das Ganze durch Restauration ganz entwertet"*[57]. Verena Friedrich schreibt 1995: *„[…] die Fresken im Chor stammen von dem bedeutenden Kirchenmaler Cosmas Damian Asam (1686–1739) und das große Deckenfresko im Langhaus sowie die Fresken in den Seitenkapellen, über der Orgelempore und in der Vorhalle von Wolfgang Andreas Heindl (1693–1757)*[58]. *„Vermutlich geht die Idee eines über den gesamten Raum reichenden Deckenfreskos auf eine Entwurfsskizze von der Hand Cosmas Damian Asams zurück, die dieser für das Deckenfresko der Klosterkirche angefertigt hatte"*[59]. Falls dem so ist, so müsste noch gründlicher jene Bemerkung von Abt Roman II. Märkl beachtet werden, dass zu seiner Zeit (>1725) neue Altarbilder geliefert wurden, die ihm aber nicht gefielen. Die Gesamtausstattung der Kirche war – bis auf die Orgel – 1725 im Wesentlichen abgeschlossen, Asams verbürgtes Hochaltarbild seit nahezu zehn Jahren an Ort und Stelle. Es bleibt im Zusammenhang mit der Asam-Zuschreibung des Rosenkranzbildes im Marienaltar (>1726) zu vermuten, dass auch der Auftrag für die übrigen Seitenaltarbilder an Asam erging. Das Missfallen des Abtes wäre dann der Zeitpunkt, an dem der Einfluss Asams endgültig beendet war.

55 Fink, Kirche 1920, 74.
56 Fink, Kirche 1920, 74–75.
57 Halm 1896, 23.
58 Friedrich 1995, 14.
59 Friedrich 1995, 20.

Abb. 3.4.1.: Kupferstich ca. 1716 von Michael Wening (1645-1718). Die Kirche hat noch bis 1720 ihr gotisches Langhaus. AAM, Repro Nh.

3.4. Zweiter Bauabschnitt 1720–1725: Langhaus

1720, 16. Juli

Grundsteinlegung zum Umbau des Langhauses. Seit 1715 schließt sich an den neu gestalteten Altarraum mit dem dahinterliegenden Mönchschor und der Sakristei immer noch das alte gotische Langhaus an. Nach einer Pause von fünf Jahren geht die Barockisierung der Kirche in den zweiten Bauabschnitt.

Abb. 3.4.2.: 1720 Grundstein und Inschrift an der südlichen Außenmauer. AAM, Repro Nh.

Abb. 3.4.3.: Das 1724 eingesetzte Hauptportal, im Giebel das Wappen des Klosters (links) und des Abtes Roman II. Märkl (rechts). Nh.

1722, 15. Mai
Vertrag mit Holzinger zur Stuckierung der Kirche[60] 1723–1725.

1723, Ende Juni
Der Maler beginnt Ende Juni mit seiner Arbeit[61].

1724, 18. September
Errichtung der marmornen Kommunionschranken, durchgezogen entlang der Seitenaltäre bis zum Presbyterium. Optisch wird dadurch jede „Seitenkapelle“ aufgewertet[62].

60 AAM, Stiftskirche Metten, Mtt I, 18a.

61 AAM, Märkl 1723: *„pictor quoque circa finem M. Junij primam admovet manum“.*

62 AAM, Märkl 1724:*„Cancelli marmorei, seu clatra, quibus Presbyterium et arae laterales secernuntur a populo, perficiuntur“.* – Kaufmann, Chronik 2016, 331.

Abb. 3.4.4.–3.4.5. (oben): Holzinger Signaturen mit Vater. Nh.

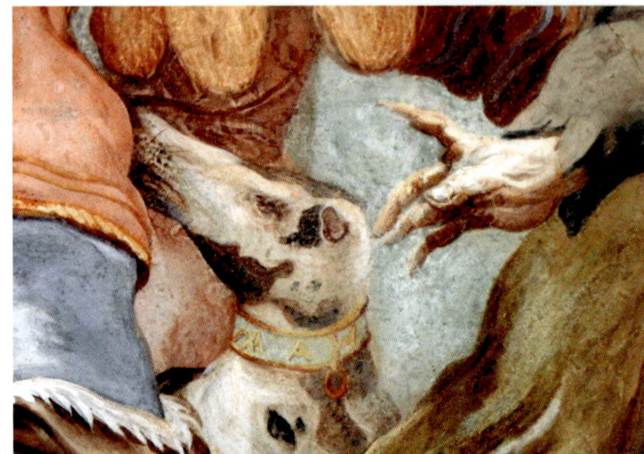

Abb. 3.4.6. (unten): Signatur Heindl. Nh.

3.5. Ergänzende Arbeiten 1726–1730

1725, März
Der Konvent beschließt, eine Rosenkranz-Bruderschaft zu errichten[63].

1725, 19. Mai
Die Seitenaltarbilder werden geliefert, gefallen aber dem Abt Roman nicht[64]. Aus seiner Zeit stammt demnach nur das Altarbild im Marienaltar von Asam, vier Bilder liefert Martin Speer an Abt Columban Gigl, das Benediktbild ließ Abt Lambert Kraus bei Christian Winck fertigen. Somit erstreckt sich die aktuelle Ausstattung der Altarbilder – den Hochaltar eingerechnet – auf etwa 60 Jahre.

63 AAM, Märkl 1724: „*Mart. Capitulariter concludimus de confraternitate SS. Rosarii hic erigenda*". – Kaufmann, Chronik 2016, 331.

64 AAM, Märkl 1725: „*Altaria lateralia pictis iconibus (licet non ad placitum meum) instruuntur*". – Kaufmann, Chronik 2016, 332.

1725, 4. September
Immediateingabe des Abtes Roman II. an den Kurfürsten wegen Geldmangels:

> *„Hat die yber 400 Jahre gestandtene Closter Kirchen wegen gethroten einfahlens Unumbänglich wider erpautet werden muessen, womit man schon 4 ganzer Jahr zugebracht und lediglich dess Klostersmitln darzur verwendet, ohne daß man solche zumahlen noch in Vollkommnen Stand setzen können, wiewohlen der Pau nur nach der Notwendigkeit: Und nit anders Costbahrkeit gefiehret worden, zu welchen höchstnothwendtigen pau sonsten man andern Clöstern und Stiftern große Capitalien von den lieben Gotteshäusern ohne raichung ainigen Interesses vorgestreckht oder woll von höchsten orthen andre dona gratuita genedigist angeschaffet worden, umb solche hechte beyhilfe auch niemahlen underterstandten […] also das mir keineswegs mehr zu helfen waiß ainestheils die zu pauen angefangene Closterkirchen in vollkommen Standt zu bringen und andertheils mich von dem allzeit beschwärlichsten Schuldenlast zu retten, wann nicht diroselbe dero höchste Gnadenshilf mit und meinem Erbarmwirdtigen Closter genedigist angedeihen lasse […] und den Closterkirchenpau weithers fortsetzen, auch nachgehents die Bauföhl in dem ganzen Closter (: dergleichen aus mangl der mitl yber 100 Jahre haubtsächlich nitvorgenommen werden khönnen :) nur in etwas nottürftig wendten möge […]“.*[65]

1725
Ein heftiger Sturm, *„ventorum impetus“*, knickt das Kreuz auf dem Nordturm der Kirche, *„incurvata non dejecta“*, das am 5. Oktober wieder aufgerichtet wird. In der im Knauf hinterlegten Urkunde werden Papst Benedikt XIII., Kaiser Karl, Kurfürst Max, Abt Roman II. Märkl erwähnt. Als Ausführender ist genannt *„artifex non contemnendus Benedictus Schoettl vice magister murariorum“*.[66]

---

65 Zitiert bei Fink, Kirche 1920, 25–26.
66 Wohlmuth, Die Außen-Renovierung unserer Pfarrkirche. AJM 4, 1929/30, 57. Hier wird „1724“ genannt. – Kaufmann, Chronik 2016, 333.

Abb. 3.5.2.: Gesamtansicht der Orgel 1910. AAM. Repro Nh.

1726
Am 15. August Eröffnung der Erzbruderschaft vom Hl. Rosenkranz mit Genehmigung des Dominikanergenerals Augustin Pipia. Kaplan der Bruderschaft wird P. Wolfgang Reithmayr (1683–1743)[67].

1725 bis 1726
Neue Orgel für die Barockkirche mit Prospektentwurf und Werk von Johann Konrad Brandenstein (1695–1757), Stadtamhof: *„ao. 1726 den 14. Dezemb. habe ich Konrad Brandenstein Bürger und Orglmacher von Stadtamhof nächst Regensburg dies Orglwerk verfertigt. Gesell hiebey war Kaspar Ernst von Ardolf aus Siebenbürgen"*[68]. Am Weihnachtsfest 1726 erklingt sie erstmals.

> *„Die 1. Jan[uarii] Novum Organu[m] collocatu[m] in Propylaeo, duobus abhinc annis aedificato, solennitati quoque Circumcisionis Domini nostri noviter applaudit, quod quidem nuper in 3 [tribus] solemnibus Officiis Nativitatis D[omini] N[ostri] Jesu Christi pulsabatur ad Musicam figuralem"*[69]. [Am 1. Januar erklingt wiederum die neue, im Vorbau seit zwei Jahren aufgestellte Orgel, zum Fest der Beschneidung des Herrn, die jüngst an den drei Festtagen zum Fest der Geburt unseres Herrn Jesus Christus erstmals zur Figuralmusik erklang].

Davon ausgehend, dass am Orgelwerk lange Zeit keine Verkleinerung oder Vergrößerung vorgenommen wurde, bestätigt das „Inventar der Klosterkirche 1803" diese Orgel *„mit fünf Abtheilungen, doppeltem Manual, samt Pedal, 18 Register und vier Blaspälg"*[70]. [>1803]

Eine Studie von Anneliese Hilz zum typischen Dispositionsstil Brandensteins lässt mit geringen Unterschieden einen plausiblen Vergleich mit dem Bestand bis 1871 zu[71].

---

67 AAM, Mettener Urkunden, U 129, 130, 131, 135, 193. – AAM, Märkl 1726: *„Confraternitas SS. Rosarii noviter introducta, solenniter a cathedra, nuper deaurata, stabilitur, ab adm. R. P. Theodoro Mayr, OPraed, p.t. priore Ratisbonensi"*. – Mittermüller 1856, 205–206. – Kaufmann, Chronik 2016, 335–336.

68 AAM, Orgelmaterialien.

69 AAM, Märkl 1727. – Fink, Orgelstudien 1958, 117. – Auer 1997, 6 , mit Kopie des Originaleintrags von Abt Roman II. Märkl.

70 BayHStA, KL 336,/4, Inventar 7. April 1803. – Hildebrandt 26.

71 Hilz, 63.

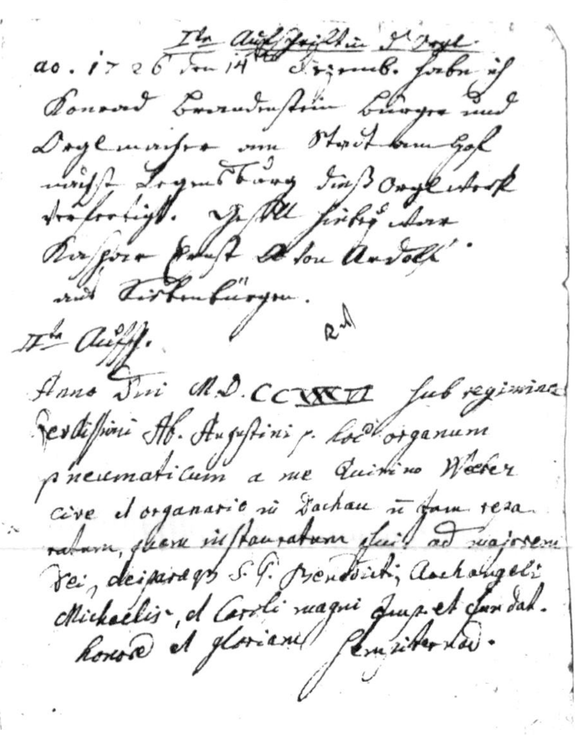

Abb. 3.5.3.: Ursprüngliche Inschrift in der Orgel. AAM, Repro Nh.

Bisher gilt der gesamte Emporenraum als „Musikchor“. Die mittig angeordnete Orgel, die flankierenden Fresken „Hl. Cäcilia“ für die Instrumentalmusik, und „Sel. Wilhelm von Hirsau“ für den Gesang, sowie die Stuckierung der Emporenbrüstung und dem darüberliegenden Gewölbebogen deuten darauf hin, dass ursprünglich die gesamte Emporenfläche als Musikchor diente. Nur so hatten auch die beiden Choretten für privilegierte Kirchenbesucher links und rechts [bis >1909] ihren berechtigten Sinn. Eine gravierende Veränderung der Orgel- und Emporenanlage geschieht vermutlich >1736 [vgl. dazu den Anhang 3].

1729

Abt Roman Märkl, Initiator zur barocken Gestaltung der Kirche, hatte bereits am 15. Januar 1728 seinen Rücktritt angekündigt[72]. Geschwächt

72 AAM, Märkl 1728: „Die 15. Jan. Venerabili conventui nequiquam deprecanti resignatio futura huiatis abbatiae capitulariter insinuatur“.

vom Alter und den aufreibenden Jahren des Kirchenumbaus macht er drei Wochen vor der Konsekration der Kirche seine Ankündigung wahr und resigniert an seinem 70. Geburtstag, den 9. Mai 1729[73]. Zum Nachfolger wird der 56jährige P. Benedikt Höld (1673–1730) gewählt und am 10. Mai 1729 bestätigt. Am Sonntag „Exaudi", den 29. Mai 1729, erfolgt zwei Tage vor der Kirchenkonsekration die Abtbenediktion.

1729, 31. Mai, Dienstag vor Pfingsten

Konsekration der Barockkirche durch Weihbischof Gottfried Langwerth von Simmern (1717–1741) 251 Jahre nach der Weihe der gotischen Kirche [< datiert 1478]. Wegen der liturgischen Vorrangstellung des als traditionell überlieferten Pfingstdienstages als Kirchweihtag musste die Konsekration vorverlegt werden, aber der Dienstag nach Pfingsten wurde als Kirchweihtag festgelegt. Die Notiz von Abt Roman Märkl 1729 deutet dies an: „*Die vero 31. Maij seu proxima feria tertia Templo noviter structo sacri Consecrationis ritus adhibiti sunt*"[74].

1730

Ein Jahr nach seiner Abtweihe (29. Mai 1729) stirbt Abt Benedikt II. Höld am 21. Juni 1730; er wird links des Kreuzaltares bestattet. Die Grabplatte ist (wie später bei Abt Columban Gigl 1752) nicht mehr vorhanden, aber die Inschrift ist bekannt: „*Depositum Benedicti II., abbatis hujus loci die 22. Junii 1730*"[75].

Abb. 3.5.4: Begräbnisnische für Äbte. Detail: Der Tod knickt den Abttab, AAM, Repro Nh.

73 AAM, Stöckl 46: „Renitente venerabili conventu, senio aliqaliter debilitatus, resignavit die 9. Maij 1729".

74 AAM, Märkl 1729. – Vgl. dazu auch Beck 2023, 252. – Eine ähnliche Festlegung geschah offenbar auch 1760 bei der Konsekration der Kirche auf dem Himmelberg am 6. Oktober 1760. Als Weihetag wurde lt. Urkunde der Sonntag nach dem Fest der Rosenkranzkönigin (7. Oktober) festgelegt.

75 Mittermüller 1856, 209.

3.6. Die Klosterkirche bis zur Säkularisation 1803

1736

Der Dachauer Orgelbauer Qurin Weber wird zu einer Orgelrevision herbeigeholt. Offenbar ergeben sich daraus gravierende Veränderungen, die allerdings nicht detailliert beschrieben werden (Vgl. Anhang 3).

> *„Anno D[omi]ni 1736 sub regimine Reverendissimi Ab[batis] Augustini hoc organum pneumaticum a me Quirino Weber cive et organario in Dachau non tam reparatum, quam instauratum fuit ad majorem Dei, Deiparaeque, S[ancti] P[atris] Benedicti, Archangeli Michaelis, et Caroli magni Imp[eratoris] et fundat[oris] honorem et gloriam sempiternam"* [Im Jahr 1736 unter der Amtsführung des Hochwürdigsten Abtes Augustinus wurde dieses pneumatische Orgelwerk von mir, Quirin Weber, Bürger und Orgelmacher in Dachau, nicht so sehr repariert, als [neu] aufgestellt zur größeren Ehre und zum ewigen Ruhm Gottes, der Gottesgebärerin, des hl. Vaters Benedikt, des Erzengels Michael und Karls des Großen, Kaisers und Gründers][76].

Schlüsselwort ist *„instaurare"*, denn Qurin Weber muss die Orgel nach zehn Jahren nicht so sehr reparieren, er stellt sie neu auf. Vermutlich war die Sonneneinwirkung aus den drei großen Fenstern und die eisige Kälte auf die Blasbälge im Winter zu heftig. Jedenfalls regte sich offenbar der Wunsch nach einer Änderung. Darauf ist wohl zurückzuführen, dass nach zehn Jahren nicht der Urheber, sondern ein anderer Orgelbauer auf den Plan gerufen wird. Brandenstein gibt seinen Prospekten einen erkennbar seitlichen Abschluss und Orgelprospekte sind unabhängig davon generell auf Sicht zum Beschauer ausgerichtet. Das wird von jetzt an nicht mehr der Fall sein: die bisherigen Außentürme werden vom Hauptschrank getrennt und stehen von da an im 90-Grad-Winkel zum Hauptwerk. Auch deren Abschlussgiebel und -voluten sind nicht mehr ausgerichtet auf den Betrachter, sondern stehen sich nun gegenüber (vgl. dazu Anhang Nr. 3).

76 AAM, Orgelmaterialien. – Mittermüller 1856, 211, Anm. 354. – Auer 1997, 12.

Abb. 3.6.1.: Grabplatte Abt Augustinus II. Ostermayer. Nh.

1742

Der am 15. September 1742 verstorbene Abt Augustinus II. Ostermayer (1730–1742) wird rechts des Marienaltars bestattet.

1744

Am 10. April stirbt Abt Roman II. Märkl (1706–1729), der Bauherr bei der barocken Gestaltung; er erlebte zwei Nachfolger, bei seinem Tod führt ein Administrator das Kloster. Für seine Grabstätte wird mit Bedacht der Eingangsbereich beim Abschlussgitter gewählt[77]. Inschrift: *„Depositum Romani Abbatis, hujus ecclesiae restauratoris, ob. 10. April 1744 aet. 85"*[78]. Cölestin Stöckl, sechster Nachfolger von Abt Roman und zugleich letzter Abt bis zur Säkularisation (1790–1803), widmet ihm angesichts der Kirchenrestauration ein würdiges Gedenken: *„Hic est ille vir, quem mox ab initio nunquam sat depraedicandum dixi, cujusque memoria Mettenae semper sacra esse debet"* [Das ist jener Mann, den ich als nie ausreichend zu rühmen bezeichnet habe und dessen Andenken dem Kloster Metten immer heilig sein muss][79].

77 AAM, Stöckl 1744: „...in introitu Ecclesiae intra sacella SS. Andreae et Laurentii".

78 Mittermüller 1856, 207. – Kaufmann, Chronik 2016, 353.

79 AAM Stöckl 45.

Abb. 3.6.2.: Blick in die Kirche. Auf der Linie des Eingangsgitters die Grabstätte des Abtes Roman II. Märkl. Nh.

1752

Abt Columban Gigl stirbt nach einem Schlaganfall am 5. September und wird im Mittelgang bestattet. Die ehemals eingelegte Grabplatte trug die Inschrift:

> *„Depositum Columbani I. hujus monasterii abbatis, aetat. 66, reg. 9. ob. 5. Sept. 1752".*[80]

1757, 20. April

Eine Authentik von Kardinal Franziscus Borghese (1697–1759), Bischof der suburbikarischen Diözese Albano (1752–1759) in Latium, bestätigt die Echtheit der Sebastian-Reliquien[81].

80 Mittermüller 1856, 218–219.

81 AAM, Mettener Urkunden, U 140.

Abb. 3.6.3.: Die Reliquienschreine „Fortunat" und „Felician" auf den vorderen Seitenaltären, um 1940. AAM, Repro Nh.

1762

Mit Urkunde vom 5. März 1762 verleiht Papst Clemens XIII. (1758–1769) dem Benediktaltar den Status eines „altare perpetuo privilegiatum". Unter diesem Privileg konnte der zelebrierende Priester einen Ablass für den in der Mess-Intention erwähnten Verstorbenen erlangen. Dieses Vorrecht wurde von Papst Paul VI. (1963–1978) mit Wirkung vom 1. Januar 1967 generell aufgehoben[82].

1765/1767

Prior Lambert Kraus erwirbt mit großem Kostenaufwand die Leiber des hl. Felician und des hl. Fortunat aus den römischen Priscillakatakomben für die Klosterkirche. Diese werden, kunstvoll verziert, in eigens angefertigten Rokokoschreinen auf den beiden vorderen Seitenaltären mit Genehmigung des Regensburger Bischofs öffentlich verehrt.

82 AAM, Mettener Urkunden, U 143.

Der >1776 von Abt Lambert Kraus angeschaffte Hochaltar-Tabernakel schließt sich stilmäßig an diese Reliquienschreine an[83].

Bei der Professfeier am 16. Oktober 1768 werden die beiden Namen erstmals als Ordenspatrone vergeben an P. Fortunat Egger (1748–1809) und P. Felician Holzer (1750–1794), gefolgt von P. Fortunat Braun (1806–1893), P. Fortunat Ibscher (1879–1964), bzw. P. Felician Hausladen (1807–1842), P. Felician Preisser (1808–1848), Fr. cler. Felician Hurt (1832–1862), P. Felician Fischer (1837–1912), P. Felician Ponschab (1898–1983).

1766

Kreuzweg, beschafft von Prior Lambert Kraus, genehmigt vom Franziskanerprovinzial in Pfreimdt[84].

Abb. 3.6.4.: Grabplatte Adalbert Tobiaschu. Nh.

1771

Der ehemalige Abt Adalbert Tobiaschu stirbt nach einem dritten Schlaganfall am 22. September und wird „in der Mitte der Kirche[85]" bestattet. Die Grabplatte wurde wie einige andere bei Erneuerung des Kirchenpflasters entfernt, landete im Kunsthandel und wurde 1989 dem Kloster zum Rückkauf angeboten. Zur Absicherung wurde sie 2007 im Kreuzgang fest eingemauert.

83 Mittermüller 1856, 223. 237. – Scheichl, Predigt bei der 100jährigen Jubelfeier der Übertragung der hl. Märtyrer Fortunat und Felician, Landshut 1867. – Kaufmann, Chronik 2016, 371.

84 Mittermüller 1856, 224. – AAM KRB 1944, 101–102. – Kaufmann, Chronik 2016, 372.

85 Mittermüller 1856, 231. – Kaufmann, Vestigia patrum 2008, 102. – Kaufmann, Chronik 2016, 379.

Abb. 3.6.5.: Abbildung des Klosters in den Monumenta Boica. AAM, Repro Nh.

1773

Am 22. Juni 1773 genehmigt Papst Clemens XIV. (1769–1774) die Errichtung einer Herz-Jesu-Bruderschaft mit umfassenden Ablässen. Der Erlaubnis schließt sich das Bischöfliche Ordinariat Regensburg an mit der Anweisung, dass die Einführung der Bruderschaft zusammen mit den Ablässen und dem Vorrecht eines „altare privilegiatum“ [vgl. Benediktaltar < 1762] am Fest Mariä Geburt (8. September) geschehe. Welcher Altar dafür ausgewählt wurde, ist nicht mehr bekannt, man darf den Kreuzaltar vermuten. Das Privileg wurde von Papst Pius VI. (1775–1799) mit Wirkung vom 23. August 1787 erneuert[86]; aufgehoben 1967, vgl. < 1762.

86 AAM, Mettener Urkunden, U 185. U 170. – Mittermüller 1856, 238. – Kaufmann, Chronik 2016, 1773.

Abb. 3.6.6.: Loreto-Glocke. AAM, Repro Nh.

1773

Abt Lambert Kraus schafft die sog. „Loreto-Glocke"[87] als „Sterbeglocke" an, später benützt als „Wetterglocke", Gewicht 1 Zentner; ein „sehr wertvolles und prächtiges Stück", gegossen von Johann Florido, Straubing. Bilder mit Inschriften:

Patronate: Erzengel Michael, die zwei Wetterheiligen Johannes und Paulus, Gottesmutter Maria – darunter Inschrift: *„Sub tuum praesidium"* – über dem von Engeln getragenen Haus von Loreto, der hl. Donatus, Christus am Kreuz, der hl. Ordensvater Benedikt, das Wappen des Abtes Lambert „L. A. I. M." – darunter Inschrift: *„Orate pro nobis"*.

Inschrift am oberen Rand:

„Mich hat gegossen Johann Florito in Stravwing 1773".

87 Es ließe sich nachforschen, inwieweit die Verwendung als Sterbeglocke (für die Dorfleute) das Loreto-Glockenspiel in Prag und eine damit verbundene Legende einer kinderreichen, sterbenden Mutter eine Rolle spielen. Desgleichen wäre noch zu eruieren, ob der Klang der Glocke identisch ist mit einer der Prager Glocken.

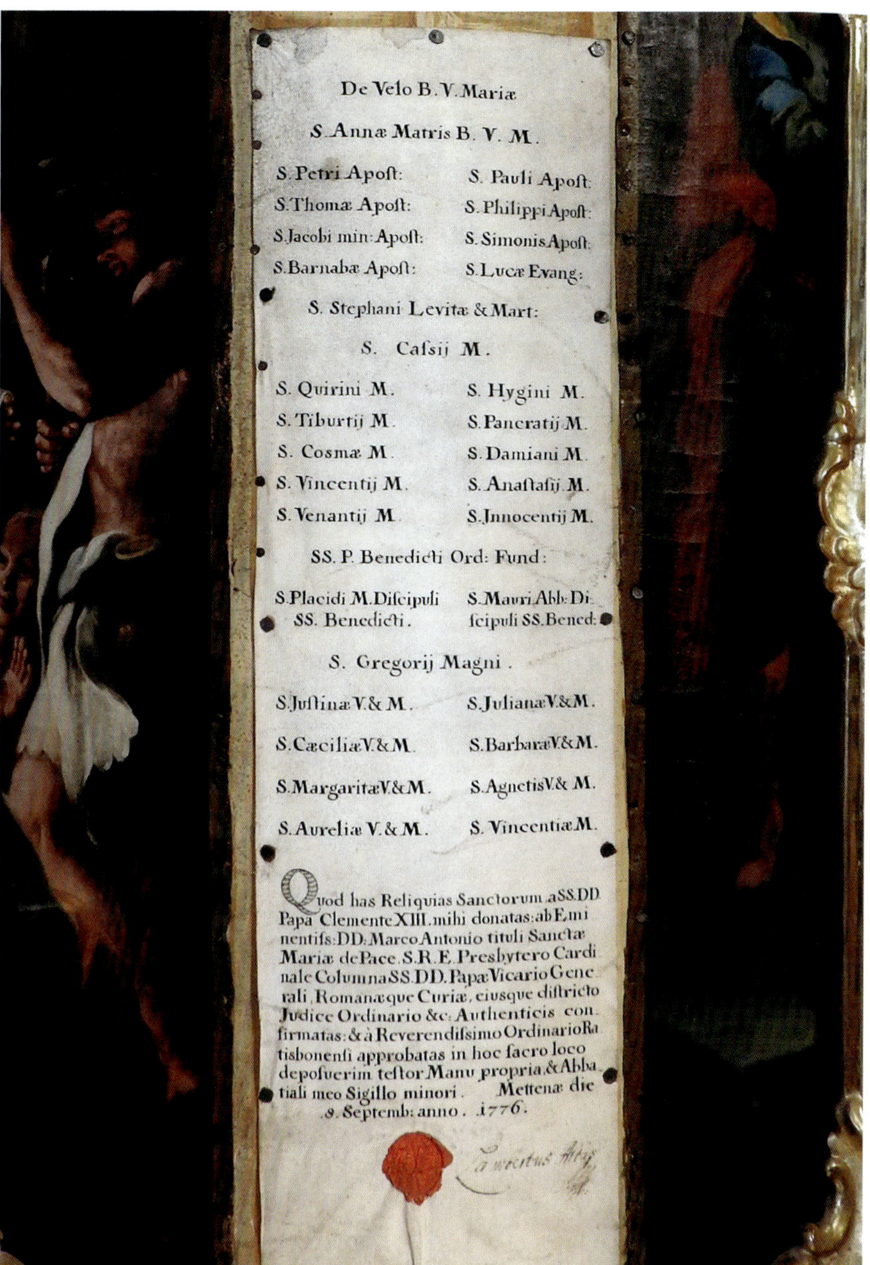

De Velo B. V. Mariæ

S. Annæ Matris B. V. M.

S. Petri Apoſt:	S. Pauli Apoſt:
S. Thomæ Apoſt:	S. Philippi Apoſt:
S. Jacobi min: Apoſt:	S. Simonis Apoſt:
S. Barnabæ Apoſt:	S. Lucæ Evang:

S. Stephani Levitæ & Mart:

S. Caſsij M.

S. Quirini M.	S. Hygini M.
S. Tiburtij M.	S. Pancratij M.
S. Cosmæ M.	S. Damiani M.
S. Vincentij M.	S. Anaſtaſij M.
S. Venantij M.	S. Innocentij M.

SS. P. Benedicti Ord: Fund:

S. Placidi M. Diſcipuli SS. Benedicti.	S. Mauri Abb: Diſcipuli SS. Bened:

S. Gregorij Magni.

S. Juſtinæ V. & M.	S. Julianæ V. & M.
S. Cæciliæ V. & M.	S. Barbaræ V. & M.
S. Margaritæ V. & M.	S. Agnetis V. & M.
S. Aureliæ V. & M.	S. Vincentiæ M.

Quod has Reliquias Sanctorum a SS. DD. Papa Clemente XIII. mihi donatas: ab Eminentiſs: DD: Marco Antonio tituli Sanctæ Mariæ de Pace. S.R.E. Presbytero Cardinale Columna SS. DD. Papæ Vicario Generali, Romanæque Curiæ, eiusque diſtricto Judice Ordinario &c: Authenticis confirmatas: & à Reverendiſsimo Ordinario Ratisbonenſi approbatas in hoc ſacro loco depoſuerim teſtor Manu propria, & Abbatiali meo Sigillo minori. Mettenæ die 8. Septemb: anno. 1776.

Abb. 3.6.7.: Im Tabernakel deponierte Reliquien mit Zertifikat von 1776.

Abb. 3.6.8.: Bildausstattung des Tabernakels.

Die Glocke sollte 1803 verkauft werden, aber der Wirt Peter Penz ersteigerte sie mit Beihilfe der Ortsgemeinde um 68 Gulden und schenkte sie der Pfarrei.

Die Glocke diente nach der Kriegsbeschlagnahme 1942 als einziges Läutesignal bis 1948. Seit der Renovierung des Schlösschens auf dem Himmelberg hängt sie nach Vereinbarung mit der Pfarrkirchenstiftung Metten als Leihgabe im dortigen Dachreiter [> 1983].

1776

Abt Lambert Kraus besorgt für den Hochaltar einen kunstvollen dreiteiligen Tabernakel mit drehbaren Winden.

Die Monstranz fertigt 1773–1775 der Augsburger Goldschmied Johann Ignaz Kaspar Bertold[88].

1782

Urkunde in einem Turmknauf:

> *„Anno 1782, den 30. May am Freitag nach Corporis Christi [Fronleichnam] abends nach halbe 9 Uhr schlug unter erstaundlichem Sturmwetter der Blitz in den nahe bey der Abtey stehenden Turm [Nordturm] und zerschmetterte auf der Seite gegen der Pfarrkirche [St. Martin, beim jetzigen Missionskreuz, also auf der Westseite] die Kuppel: unter der Kuppel schlug der Blitz durch das Gesims herab und bei dem 3 durch den Uhrschild hinein, fuhr auf der eisernen Stang, welche das Repetir Werk treibet, in den anderen Thurm [Südturm] bis zu dem Uhrwerk, welches er aber nicht beschädigte, sondern nur den kleinen Trad, so das Schlagwerk auf die kleine glocke in der Kirche zieht, zerschmelzte und sodann hinaus in die Kirchen schlug und das nächste von Stukador Arbeit geweste Kapitäl zerschmetterte und weitters durch das Chor-Oratorium hinab auf das eiserne Kirchengitter fuhr und den oberselben von Stukadorsarbeit verfertigten Schild so zertrümmert, daß von jenem die ganze Kirche und der große Chor von dem zerschlagenen Kapitäl, Mörtl und Steinen, dazu von…viele…beschädigt worden. – Gott können wir nicht genug danken, sonst wäre bei dem erschröcklichen Sturmwinde alles retten und löschen umsonst gewesen. Lambertus Abbas, Metten, m[anu] p[ropria]“*[89].

88 Niederbayerische Denkmäler 1925, 17, 170.

89 AAM, Stiftskirche Metten, Mtt I, 18a. – Wohlmuth, Die Außen-Restaurierung unserer Pfarrkirche 1930, 57.

1790

Abt Lambert Kraus stirbt am 27. November und wird am 30. November 1790 in der Kirche vor der mittleren Stufe zur Kommunionbank bestattet. Die ehemals eingesetzte Grabplatte trug die Inschrift:

> *„Depositum Reverendissimi Domini Domini Lamberti I. hujus loci Abbatis LXIV, aet. 63, dignit. Abbat. XX. ob. 27. Nov. 1790“*[90].

1803

21. März, Klosteraufhebung. Die Kirche wird Staatseigentum und ist als Pfarrkirche der neu zu errichtenden Pfarrei Metten vorgesehen. Daher wird vom Inventar nichts weggegeben. Eine Anfrage der Oberinspektion des Pfarrkirchenbaus in Vilshofen ergibt in der Antwort des Lokalkommissärs vom 27. August 1803 interessante Einblicke über den Zustand der künftigen Mettener Pfarrkirche: Die Seitenaltäre seien alle von Gipsmarmor, „wie solche abgebrochen und von dem Blatz genohmen werden, so verwandeln sie sich in lauter Trümmer und Brocken“. Vom Gestühl im Mönchschor könnten zwei zu Seitenchören umgebaut werden, „es sind aber große Maschinen“. Das Kirchengestühl mit einer Länge von acht Schuh und drei Zoll sei ebenso unentbehrlich wie die Turmuhr. Von den Glocken könnten zwei abgegeben werden, müssen allerdings mit anderen zusammenstimmen. „Die Orgl ist eine solche Maschine zu welcher ein sonderheitlicher Chor gebauet werden müsse, weil solche fünf Flügel hat, und die Blasbälch unter den Fusboden eingerichtet sind, mithin man über eine Treppe auf die Orgl steigen müsse [vgl. Anhang Nr. 3]. Die Kanzl ist nachzumahl ebenfalls unentbehrlich. Von der übrigen Einrichtung an Ornat, Musikinstrumenten ist bekannter maaßen das Kloster Metten aus all übrigen Klöstern am wenigsten versehen. Mit alt zerbrochenen Instrumenten, unüberzogen und ohne Bögen versehene Violins, alt zerrissene Wäsche an Alben, Chorröcken, Meßkleidern, Altartüchern kann man schon aufwarten, wenn hiemit gedient ist, denn hier ist seit etlich 20 bis 30 Jahren an derlei Bedürfnissen nichts Neues beygeschafft worden“[91].

---

90 Mittermüller 1856, 243, dazu auch Anm. 614. – Kaufmann, Chronik 2016, 390.

91 HStA, KL 336/4, Lokalkommissär an die Oberinspektion des Pfarrkirchenbaus in Vilshofen, 27. August 1803.

Abb. 3.6.9.: Zwei Glasgravuren; in dieser Struktur erlebte das Kloster samt Kirche die Säkularisation. AAM, Repro Nh.

Als Inventar der neu benannten Pfarrkirche verbleiben kostbare Gegenstände:

Abb. 3.7.1. (oben): Uttostab. AAM, Repro Nh.
Abb. 3.7.2. (unten): Palmesel. Nh.

3.7. Die Klosterkirche als Staatsbesitz im 19. Jahrhundert

1806
Errichtung der Pfarrei Metten durch den bayerischen Staat. Zur finanziellen Absicherung wird auch das Kerngebiet der Urpfarrei Neuhausen (bis 1813) mit der Filiale Berg einverleibt.

1807
Nach Abbruch der Dorfkirche St. Martin gelangt die „Michaels- oder Zwölferglocke", Gewicht 12 Zentner in den Südturm der ehemaligen Klosterkirche. Aufschrift:

> *„Nos locet in Coelis tuba clara sacri Michaelis MCCCXIV"*[92]. [Umgehängt auf den Turm der Klosterkirche 1807, umgegossen >1879, abgeliefert >1942].

1807
Am 27. Mai stirbt Abt Cölestin Stöckl (1790–1803), Abt von Metten zur Zeit der Säkularisation 1802/03. Die Klosterkirche ist nun Pfarrkirche im Staatsbesitz und ein herkömmliches Begräbnis im Kirchenraum wird nicht gewährt. Seine Grabstätte findet er unmittelbar beim Haupteingang auf der Evangelienseite. Eine schlichte Gedenkplatte an der Fassade erinnerte an ihn; sie wurde wohl im Zuge von Außenrenovierungen entfernt oder überdeckt:

„Depositum
Rev. ac amplissimi Dni Dni
Coelistini Abbatis Mett.
ob. 27. Mai 1807".[93]

1819
Urkunde in einem Turmknauf: *„Im Jahre Christi 1819 wurden beide Kirchtürme neu gedeckt, auch beide Kreuze nebst den Kuppeln herabgenommen und vergoldet. Metten, 11. Mai 1819. Ignaz Hönig, Pfarrer"*[94].

---

92 Fink, Kirche 1920, 60. – Zimmermann, Nova et vetera 1948, 58, nennt einen etwas anderen Wortlaut der Inschrift: „Nos locet in caelis / Tutella Sacri Michaelis MCCCXIV".

93 Mittermüller 1856, 78. – Kaufmann, Chronik 2016, 408.

94 Wohlmuth, Die Außen-Renovierung unserer Pfarrkirche, 1930, 57.

1819

Die baufälligen Eingangskapellen „St. Andreas“ und „St. Laurentius“ werden vom Rentamt Deggendorf als überflüssig und unnütz betrachtet, aber auf Veranlassung des Mettener Ex-Benediktiners P. Emmeram Käuffl (1755–1820) vor dem geplanten Abriss gerettet. Die Regierung des Unterdonaukreises korrigiert die Auffasssung des Rentamtes und belobigt die Initiative: *„Hiedurch würde die schöne Fassade nicht allein verunstaltet und das Aug beleideget werden, sondern dem Gebäude die Stütze entzogen worden seyn, die in der Folge mehr nachtheilig für dasselbe seyn könnte. Ein Glück ist es daher, daß der gutdenkende Exkonventual Käuffl dieses Unternehmen durch eine Selbstaufopferung gehindert hat“*[95].

1830

Wiedererrichtung des Klosters, die Kirche bleibt weiterhin Staatsbesitz. Vermeintliche Rechte von Abt und Konvent werden deutlich korrigiert und eigenmächtig vorgenommene Änderungen bald scharf untersagt [> 1847].

1831

Verschiedene Renovierungsarbeiten nach Wiedererrichtung des Klosters und Übernahme der Pfarrei Metten.[96]

1833

Der Passauer Orgelbauer Adam Ehrlich setzt die weitgehend unbrauchbar gewordene Orgel wieder instand. Er vereinfacht das Werk und legt die beiden Seitenteile still.

> *„28ter July wurde die Orgel von Herrn Adam Ehrl[ich] Orglmacher von Passau auf solche Art hergestellt, dass die Seiten-Theile zwar wegfielen, aber die Manuale dafür verstärkt und 2 neue Bassen dazukamen. Die Vereinfachung dieses Orgl Gebäudes, wie es jetzt dasteht, ist bei vorkommenden Fällen auch weit leichter zu reparieren, als bei den vielen Schienen und Windschläuchen, wie es ehehin war“.*

Offenbar wandert ein geringer Bestand aus den Seitenteilen in oder hinter den bislang geschlossenen Mittelschrank[97].

95 StLa 168,4,101,1099.

96 Pfarrarchiv Metten.

97 AAM, Orgelmaterialien. – Auer 1997, 13.

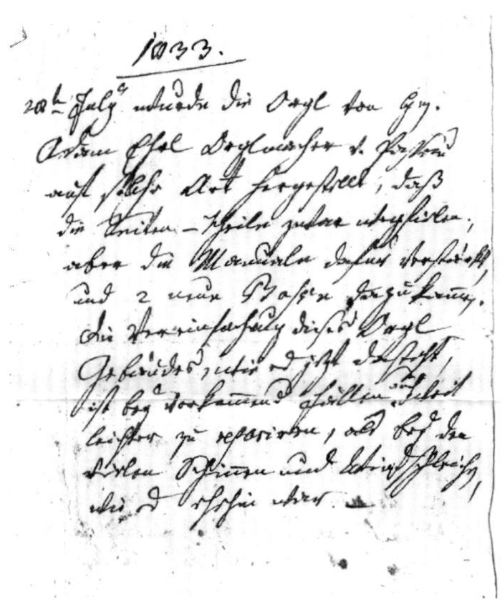
1833.

Abb. 3.7.3.: Orgelinschrift von 1833, Repro Nh.

1833/1834
Auffrischung der Altarblätter und der Apostelbilder [letztere nicht mehr vorhanden].

1843
Errichtung der Herz-Mariä-Bruderschaft. Frater Lukas Schraudolph (1817–1863) fertigt unter Anleitung seines Künstlerbruders Johannes (1808–1879) ein Altarbild „Herz Mariä“. Es wird am Dreifaltigkeitssonntag 1844 gegen das barocke Rosenkranzbild ausgetauscht und am Fest Mariä Himmelfahrt, 15. August 1844, von Abt Gregor Scherr (1844–1856) gesegnet[98].

1844
Die Kirche wird mit den Privilegien einer Wallfahrtskirche ausgestattet[99].

1846
Der westliche Verbindungsbau zum Nordturm (das alte Klosterseminar bis 1803) soll verbreitert werden, dazu muss darunter das gotische Kreuzganggewölbe weichen. > 1880.

98 AAM, Chronik Mtt, Cap. IV, § 8 und 10. – Mittermüller 1856, 273.
99 AAM, Chronik Mtt, Cap. IV., § 11. – Kaufmann, Chronik 2016, 454.

Abb. 3.7.4.: Rechts der neue Stephanusaltar. AAM, Repro Nh.

Abb. 3.7.5.: Der ehemalige Tabernakel am Stephanusaltar, jetzt in der Filialkirche St. Leonhard, Buchberg, Pfarrei Neuhausen. Nh.

Abb. 3.7.6. (links): Der Petrusaltar wird ein Josefsaltar. AAM, Repro Nh.

Abb. 3.7.7. (rechts): Das neue Bild im Sebastianaltar. AAM, Repro Nh.

1847

Entfernung der beiden Seitenaltäre hl. Stephanus und hl. Sebastian. Als Ersatz werden zwei neugotische Altäre aufgestellt. Der Kreuzaltar wird zum „Herz-Jesu-Altar“, der Marienaltar ausdrücklich zum „Herz-Mariä-Altar“, der Petrusaltar zum „Josefsaltar“, Szene: „Tod des hl. Josef“. Diese fünf Altäre erhalten neue Bilder von Frater Lukas Schraudolph, die er größtenteils in München anfertigt. Die bisherigen Bilder wandern in den Mönchschor (Kreuzigung, Maria, Sebastian, Stephan) und das Petrusbild in den Kreuzgang. Das Benediktusbild verbleibt an Ort und Stelle, wird aber am oberen und unteren Rand verändert.

Ein königlicher Erlass vom 24. Oktober 1847 stoppt weitere nicht genehmigte Eingriffe. Die Kunst des 18. Jahrhunderts wurde bewusst verleugnet,

> *„denn das Barock und Rokoko galt nicht mehr als kirchliche Kunst. Die Zeit um 1850 verlangte Rückkehr zum romanischen oder gotischen Stil; sie sah in diesen Stilarten allein die kirchliche Eigenart gewahrt“*[100].

100 Fink, BBK 1934, 352.

Abb. 3.7.8. (links): Der Kreuzaltar wird ein Herz-Jesu-Altar. AAM, Repro Nh.

Abb. 3.7.9. (rechts): Der Marienaltar wird ein Herz-Mariä-Altar. AAM, Repro Nh.

„Dem Barock stand das vorige Jahrhundert [19. Jh.] fremd, verständnislos, ja zum Teil feindlich gegenüber. Erst seit dem Ende des Jahrhunderts, als er mehr in den Gesichtskreis der Gegenwart trat, schärfte sich der Blick für die Bedeutung seiner expressiven Darstellungsmittel"[101].

„Die religiösen Ausdrucksformen des Barockzeitalters brandmarkte man seit dem ausgehenden 18. Jahrhundert gern als halbheidnischen Aberglauben".[...] „Statt der unermeßlichen illusionistischen Weiten verlangten die Menschen jetzt nach überschaubaren Ordnungen, statt gefühlsseligen Überschwangs nach rationaler Klarheit und Nüchternheit, statt himmlisch-irdischen Prunkes nach Hilfe und Nützlichkeit im menschlichen Alltag" [...] „Die Welt des Barock mußte seit dem Ende des 19. Jahrhunderts Zug um Zug wieder entdeckt werden"[102].

1847

Aus einem Briefwechsel zwischen der Bauinspektion Deggendorf, dem Rentamt Deggendorf und dem Pfarramt Metten geht hervor, dass für eine geplante Orgelrenovierung das königliche Rentamt zuständig

101 Weisbach 1921, 222.
102 Schwaiger 1969, 7.

sei. Es werden noch zwanzig Jahre bis zu einem detaillierten Gutachten über den Zustand der Orgel vergehen[103].

1851
Schreiner J. Köhler aus dem benachbarten Egg fertigt 40 neue Kirchenbänke, länger als die bisherigen[104].

1853
Abt Gregor Scherr beabsichtigt, die Altarstatuen (Helena, Heraklius, Joachim, Anna) an den vorderen Seitenaltären (Kreuz- bzw. Marienaltar) zu entfernen und durch Säulen zu ersetzen, damit die „nackten Genien" als Kapitellstützen wegkommen[105]. Offenbar gewarnt von den früheren behördlichen Verboten unterbleibt die „Neuerung".

1853
Die Gastwirtswitwe Maria Ernst stiftet eine Glocke *„in honorem Beatae Mariae Virginis et Sancti Gregorii"*, gegossen bei Xaver Gugg, Straubing, Gewicht 20 (24?) Zentner, in den südlichen Turm gehängt am 29. Juni 1853.

Chronogramm im oberen Kranz: „E**X** **V**OTO **M**. ERNST **C**A**V**PON**I**S **VIDV**AE **CV**RA GREGOR**II** **C**OENOB**II** H**VIV**S ABBAT**I**S" [=1853]. Bild: Gottesmutter Maria und Papst Gregor der Große.

Diese Glocke wurde Ende September 1918 abgeliefert. *„Über ihr Schicksal hat man nichts mehr erfahren"* [Ersatz > 1926][106].

1858
Bauschäden an Turmkuppeln und Glockenstuhl; Feuchtigkeitsschäden in den Seitenkapellen[107].

1864
Eine geplante Innenrenovierung unterbleibt aus Geldmangel[108].

103 PfrA Mtt, Orgel 15. Juli 1847 bzw. 17. Juli 1848. – Auer 1997, 15.
104 PfrA Mtt. – Hildebrandt 2008, 11.
105 PfrA Mtt. – Hildebrandt 2008, 11.
106 AAM, Verzeichnis der Stifter und Wohltäter, Nr. 58. – Zimmermann, Nova et vetera 1948, 58–59. – AAM, Materialien Klosterkirche „Glocken".
107 PfrA Mtt, Renovierungen.
108 PfrA Mtt, Renovierungen. – Hildebrandt 2008, 11.

Abb. 3.7.10.: Schraudolph-Altarbild im Marienaltar. AAM, Repro Nh.

Abb. 3.7.11.: Hl. Sebastian. AAM, Repro Nh.

1866

Einweihung eines neuen Kreuzweges von Fr. Lukas Schraudolph (1817–1868), am 10. Februar. Die Rahmen fertigt der Laienbruder Fr. Joseph Renalter (1820–1880), die Vergoldung besorgt Fr. Sebastian Högerl (1815–1881). Die zwei letzten Stationen – lt. einer anderen Quelle die letzten vier[109] – ergänzt der gelernte Dekorationsmaler Georg Aichinger (1837–1893), gebürtig in Achslach.

Dieser Kreuzweg wird seinen Verbleib bis zur Renovierung >1943/44 haben. Nach einer Übergangszeit in der Pfarrkirche St. Nikolaus in Edenstetten kehrt er wieder zurück, diesmal in den Bibliotheksgang der Klausur.

1867

Urkunde in einem Turmknauf: „*Am 24. Juni 1867 nachmittags ½ 2 Uhr ging über Metten in der Richtung von Landau nach Grafling ein heftiger Orkan, bei welchem die Wolken sich bis zur Erde senkten und der mit Hagel en-*

---

109 Wohlmuth Anselm, Mettener Typen. AJM 11, 1936/37, 50.

dete. In weniger als einer Viertelstunde waren Tausende von Bäumen abgebrochen, selbst die stärksten Eichen entwurzelt, alle Dächer teilweise abgedeckt und die Feldfrüchte mit Ausnahme des Korns, das bereits eingebracht war, vernichtet. Auch die Kreuze auf den beiden Türmen der hiesigen Kloster- und Pfarrkirche wurden von der Gewalt des Sturmes ganz in wagrechte Lage umgebogen und drohten herabzufallen. Sie mußten daher abgenommen und repariert werden und wurden nun auf Kosten des Klosters und einiger Wohltäter neu vergoldet und am 21. September 1867 wieder aufgerichtet. U.I.O.G.D. [Ut in omnibus glorificetur Deus – auf dass in allem Gott verherrlicht werde]. Utto Lang, Abt m[anu] p[ropria]"[110].

1868

Die 1620 errichtete Sebastiani-Bruderschaft, durch die Ereignisse der Säkularisation unterbrochen, wird neu konstituiert[111].

1869

Auf Anregung der Organisten – Lehrer Fritz aus Metten, P. Emmeram Kreuttner (1825–1872), Chorregent P. Utto Kornmüller (1824–1907), Lehrer Grübl aus Neuhausen – soll eine Hauptreparatur der Orgel erfolgen. Der Orgelbauer Joseph Grübl (1817–1898)[112], Waltendorf, will die offensichtlich gravierenden Schäden beheben und das Werk um vier auf insgesamt 22 klingende Register und mit einem vierten Blasbalg erweitern. Um den erforderlichen Platz dafür zu schaffen, werden –ungewöhnlich für einen Orgelprospekt – schräg gestellte Seitenwände des Hauptschrankes zu den Innenkanten der beiden äußeren Fenster hin eingesetzt, die bisherige Rückwand des Orgelkastens herausgenommen und als Ersatz dafür das mittlere Fenster völlig abgedunkelt. Vorher wird die barocke Front zur Platzgewinnung für Chor und Instrumentalisten aus dem Gewölbebogen zurückgeschoben. Von einem herkömmlichen „Orgelgehäuse" kann von jetzt an nicht mehr die Rede sein, auch nicht für die beiden seit 1833 stillgelegten Seitentürme, deren Rückwände ebenfalls entnommen werden, um sie so eng wie möglich in die Stuckornamente einzupassen. Eine gänzliche Entfernung der Seitentürme für mehr Platz wagt man wohl aufgrund des

110 Wohlmuth, Die Außen-Renovierung unserer Pfarrkirche 1930, 58.

111 Matrikel der Diözese Regensburg 1997, 382.

112 Bauer Karl, Orgelbauer Joseph Grübl. Festschrift zur Einweihung der neuen Orgel in der Pfarrkirche Mariaposching am 17. September 1995, 25–26.

staatlichen Vetos von < 1847 nicht. Das Brandensteinwerk gilt trotz der erweiterten Stimmen noch immer als grundlegend unverändert[113].

1872

Am 11. Juli Erprobung der restaurierten Orgel. *„Der Orgelbauer, ein Autodidakt, hat seine Aufgabe zur Zufriedenheit vollendet. Er ist ein Vetter des leider einige Tage vor der Vollendung der Orgel gestorbenen Lehrers Grübl von Neuhausen“*[114].

1879

Zur Harmonie mit der vorgesehenen neuen großen Glocke werden zwei Glocken eingeschmolzen:

Die „Michaels- oder Zwölferglocke“ [< 1314, < 1807] wird umgegossen und mit einem Herz-Jesu- bzw. einem Herz-Mariä-Bild versehen, gilt aber weiterhin als „Michaelsglocke“. Gewicht 14 Zentner.

Inschrift:

„Ad S. Michaelis gloriam a. d. 1314 iam exorta per abbatis Uttonis II. munificentiam renovata revivisco a. d. 1879“.

Inschrift gegenüber:

„Geg. von Max Gugg, Straubing n. 31“.

Geweiht am 30. Mai 1879 von Abt Utto Lang.

Wegen ihres historischen und künstlerischen Wertes von der Glockenablieferung 1917 befreit, dann aber im 2. Weltkrieg abgeliefert [>1942][115].

1879

Umgegossen wird auch mit Hilfe mehrerer Pfarrkinder die „Speiseglocke“, geläutet bei Versehgängen, „in honorem S. Johannis et Pauli Martyrum“ et Johannis Baptistae“, bis > 1773 wohl „Wetterglocke“, Gewicht sechs Zentner, angeblich aus der Zeit von Abt Johannes I. Höpfl (1459–1479), dem Erbauer des gotischen Langhauses, was allerdings

113 PfrA Mtt, Orgel 1869–1872. – Auer 1997, 15–21.

114 AAM,Tagebuch Abt Utto Lang, 11. Juli 1872. – Deggendorfer Donaubote 16. Juli 1872, Nr. 57, Seite 241. Fink, Kirche 1920, 60. – Zimmermann, Nova et vetera 1948, 58–59.

115 Fink, Kirche 1920, 60. – Zimmermann, Nova et vetera 1948, 58–59.

Abb. 3.7.12.: Die von den Gebrüdern Straßer 1879 gestiftete große Josefsglocke. AAM, Repro Nh.

aus der überlieferten Inschrift nicht bestätigt werden kann, es sei denn, die Glocke ist zu seiner Zeit umgegossen worden.

> *„Annis plus sexcentis ante fusa sumptibus aliquot parochiannorum renovata in honorem s. s. Martyrum Joannis et Pauli ac S. Joannis Baptistae consecrata. MDCCCLXXIX".*
>
> Zweite Inschrift:
>
> *„Geg. v. Max Gugg in Straubing N 33".*

Bild: Die beiden Wetterheiligen Johannes und Paulus.

Geweiht zusammen mit der neuen großen Glocke am 27. September 1879 durch Abt Utto Lang. Von der Ablieferung 1917 befreit, aber im 2. Weltkrieg >1942 abgenommen[116].

1879

Die Gebrüder Josef und Franz Straßer, Metten, stiften eine neue große Glocke „St. Josef", Nebenpatrone Franz v. Assisi, Benedikt, Utto. Gewicht 48 Zentner (Ponschab, Notizen: 47 Zentner; Fink, Kirche 1920, 60: 42 Zentner), Höhe und Durchmesser 1,60 Meter, gegossen bei Max

116 AAM, Tagebuch Abt Utto Lang, 27. September 1879.

Gugg, Straubing, Grundton „H“, womit die zwei älteren umgegossenen Glocken einen H-Dur-Akkord bilden. Benediziert von Abt Utto Lang am 27. September 1879 und unmittelbar danach unter Aufsicht von Bruder Konrad Scheuering mit Hilfe der Freiwilligen Feuerwehr Metten in den nördlichen Turm aufgezogen, „wo sie schon eine Stunde nach der Weihe ihren herrlichen Ton erklingen ließ“[117].

Bild vorne: Der gekreuzigte Heiland und der hl. Josef.

Inschrift im oberen Kranz: *„Diese Skt. Josefs-Glocke ist Eigentum der katholischen Pfarrgemeinde Metten“.*

Chronogramm: BEATI IOSEPHI GLORIAE SACRAT PACEM PERENITER SIGNET VIVIS ATQVE DEFVNCTIS. [= 1879].

Rückwärtige Inschrift, Namen der Stifter und Heiligenpatrone, dazu die Weihe durch Abt Utto II. Lang:

> *„Munificentia fratrum Josefi et Francisci Strasser, Colon. h. l. comparata in honor. S. Josefi nutric. D. N. J. Chr. Necnon S. S. Francisci et Benedicti ab b. Uttonis consecrata ab Uttone II. huius monasterii abbate. Vivos voco, mortuos plango, fulgura frango“* [Diese Glocke klingt wohl in den Ohren der Altmettener am meisten nach. Sie läutete uns ja geradezu in die Seele hinein, wenn sie zur Vesper am Vorabend ein Pontifikalfest ankündigte, oder mit ihrem schweren, dröhnenden Klang das Hinscheiden eines Paters meldete oder bei einer Feierlichen Profeß den Gesang des ‚Miserere' über den unterm Bahrtuch liegenden Mönch begleitete][118].

Von der Beschlagnahme im 1. Weltkrieg 1917 befreit, aber betroffen von der Ablieferung >1942.

1880

Der <1846 verbreiterte Verbindungsbau zum Nordturm wird zugunsten des Klosterseminars aufgestockt[119]. Infolge dessen wird in das Kirchendach eingegriffen, und das letzte nördliche Kirchenfenster vermauert, was sich für den Lichteinfall nachteilig auswirkt. Es bleibt der Verbindungsgang über dem südlichen Kreuzgang von der Empore zur Klausur.

117 AAM, Verzeichnis der Stifter und Wohltäter, Nr. 100.
118 Fink, Kirche 1920, 60. – Zimmermann, Nova et vetera 1948, 58.
119 AAM, Tagebuch Abt Utto Lang, 30. Juni 1880.

Abb. 3.7.13.: Inschrift mit Jahreszahl 1883 im Hauptfresko. AAM, Repro Nh.

Abb. 3.7.14.: Das übermalte Sebastian-Gewölbefresko, neues Thema: Christus als Wundertäter. AAM, Repro Nh.

1883 bis 1885

Innenrestaurierung unter Federführung von Domvikar Georg Dengler und dem Atelier Gebrüder Goß in Stadtamhof, mit starken Übermalungen, u.a. über dem Sebastian-Altar, sowie Tünchen mit graubrauner Leimfarbe des Hauptfreskos und der Fresken über den Seitenaltären[120].

Eine Inschrift verrät neben der Fehldeutung auf Asam als Maler die Abneigung des 19. Jahrhunderts gegen jegliche nackte Darstellung:

> *„Gemalt von Asam im 18. Jahrhundert, Renovirt und mit Kleidern versehen Anno 1883. M[artin] Ronge und J[oseph] Gunthermann“.*

1884

Abt Utto Lang stirbt am 25. Februar 1884 und wird am 28. Februar mit staatlicher Genehmigung in der Kirche rechts des Marienaltars bestattet. Es ist das erste Abtbegräbnis nach beinahe 100 Jahren.

Abb. 3.7.15.: Grabplatte für Abt Utto Lang. Nh.

120 Hildebrandt 2008, 11–12.

Abb. 3.7.16.: Umbaupläne, Modell. AAM, Nh.

1884

Umfangreiche Baupläne würden dazu führen, dass Mönchschor, Sakristei und Hochaltar vom jetzigen Platz entfernt würden. Nach verschiedenen Varianten sollte ein neubarocker Anbau in Richtung Klausurgarten [Klostergärtnerei] entstehen mit Sakristei (EG), einem heizbaren Mönchschor mit ausreichend Platz (OG) und einer groß angelegten Konventgruft (UG)[121].

Nach zahlreichen Bedenken wird zumindest der Altarraum verändert. Das steinerne Uttograbdenkmal wird entfernt und vorerst im Kreuzgang aufgestellt. Ein neues Uttograb wird als Glasschrein mit einem Holzgerippe mit Uttoreliquien in der Hirnschale in die Evangelienseite eingelassen, das zinnerne Kästchen mit den Uttoreliquien aus der Zeit des Abtes Benedikt Ferg bleibt unterhalb der Mauernische. Das Gerippe im Glasschrein wird mit Ordenshabit, Rochett und Mozetta bekleidet, an der Rückwand der Uttostab, dazu die Attribute des Seligen, eine Sonne mit Beil[122].

121 Kaufmann, Chronik 2016, 503. – Kaufmann, Für mehr Platz und gegen die Kälte 2022.

122 Kaufmann, Chronik 2016, 503.

Abb. 3.7.17.: Kreuzaltar von Haindling.

Abb. 3.7.18. (oben): Glasschrein „Uttograb". AAM, Repro Nh.

Abb. 3.7.19. (unten): Sedilien vor dem Uttograb. AAM, Repro Nh.

Abb. 3.7.20.: Die beiden angekauften Statuen: Josef (links) und Christophorus (rechts). Nh.

1889

Reparatur von Dachstuhl und Dach, Eindecken der Turmkuppeln, der Portalkuppel und der Seitenkapellen mit Schiefer.

Urkunde in einem Turmknauf: „*Anno Dni MDCCCLXXXIX omnia haec tecta aedis sacrae et turrim prorsus renovata sunt sub Abbate D. Benedicto III. ac parocho P. Petro Schneider mensibus Aprili et Majo*“[123].

1891

Aus Hammelburg werden hölzerne Statuen „Hl. Josef“ und „Hl. Christophorus“ angekauft und in die freien Außennischen der Westfassade gestellt. Für den Höhenausgleich müssen zwei Steinpostamente angefertigt werden. Ob und welche Figuren vorher dort aufgestellt waren, ob sie schadhaft waren und welchen Patronen sie gewidmet waren, lässt sich nicht feststellen[124].

123 Wohlmuth, Die Außen-Renovierung unserer Pfarrkirche 1930, 58.
124 Hildebrandt 2008, 12.

Abb. 3.8.1.: Kirche 1891. AAM, Repro Nh.

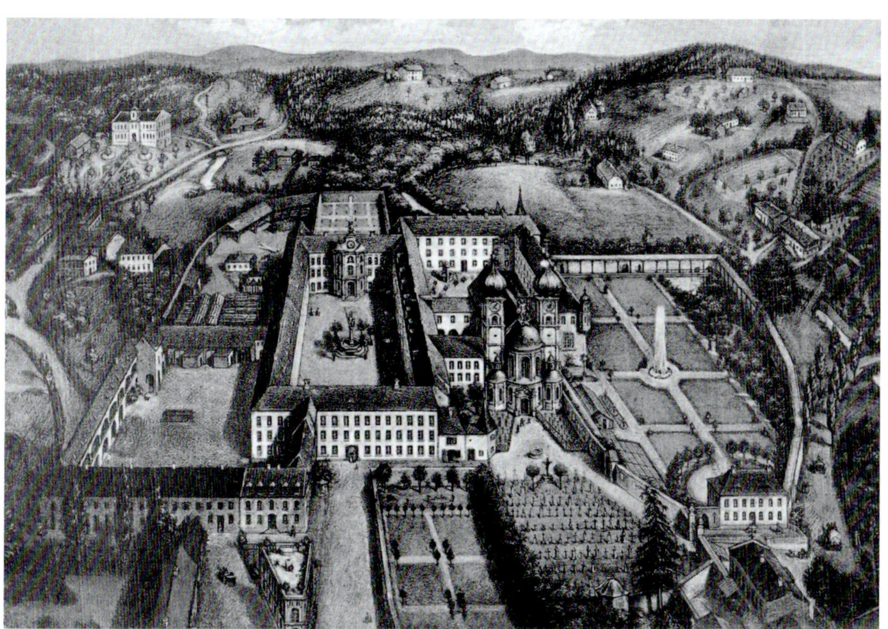

Abb. 3.8.2.: Das Kloster um 1890. AAM, Repro Nh.

3.8. Die Pfarrkirchenstiftung Metten als neue Eigentümerin ab 1893

Mit Vertrag vom 28. April 1893 gehen Baulast und Eigentum aus staatlicher Hand an die Katholische Pfarrkirchenstiftung Metten. Für die Befreiung aus der Baupflicht an Kirche und Friedhofmauer zahlt der Staat 27000 Mark. Dem Benediktinerkonvent wird das Recht zuerkannt, seine Gottesdienste in der Kirche zu halten.

1898

Am 12. Juni stirbt Abt Benedikt Braunmüller und wird rechts des Kreuzaltars bestattet. Die Kirche ist mittlerweile Eigentum der Pfarrkirchenstiftung Metten.

Abb. 3.8.3.: Grabplatte Abt Benedikt III. Braunmüller. Nh.

1900
Die Schieferbedachung der Seitenkapellen beim Kircheneingang wird durch Kupferblech ersetzt[125].

1905
Die gotischen Außenpfeiler an Apsis und Presbyterium erhalten ein Blechdach[126].

1907
Einrichtung der elektrischen Beleuchtung[127].

1907
Die Pfarrkirchenstiftung Mariaposching bietet ein reich verziertes Rokoko-Antependium mit kupfergetriebenen, versilberten Verzierungen mit Marienmonogramm auf rotem Samt und der Jahreszahl „1761“ an. Die ursprünglich dreiteilige Fläche (Mittelteil und zwei zurückgesetzte Teile) wird für den Mettener Hochaltar passend auf eine Ebene verteilt und als Festtags-Antependium verwendet[128].

1908
Reparatur des Portals mit Erneuerung der Eingangstür.

1909
Restaurierung des Orgelprospektes, neues Orgelwerk von Fa. Weise, Plattling.

Am 11. Oktober benediziert Abt Willibald Adam die neue Anlage.

„Gegen 1900 setzte auf dem Gebiet der katholischen Kirchenmusik eine Bewegung ein, die sich allmählich von den Gesetzen des Cäcilianismus frei machte. Es waren Schüler des bekannten Professors Rheinberger in München, die auch für die Orgelmusik neue Wege gehen wollten. In Metten hielt P. Utto Kornmüller die Fahne des Cäcilianismus bis zu seinem Tod hoch. Schon ein Jahr nach seinem Tode begann der Umbau der Orgel nach

125 Hilebrandt 2008, 12.
126 AAM, Tagebuch Abt Leo Mergel 25. August 1905.
127 Hildebrandt 2008, 12.
128 AAM, Materialien Kirche 1907.

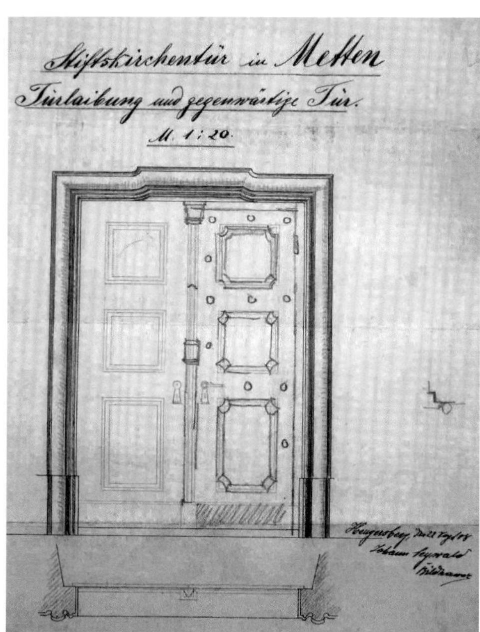

Abb. 3.8.4.: Entwurf für die Eingangstür. PfrA Metten, Repro Nh.

den Idealen der Neuerer. Inspirator war Vinzenz Goller, damals Chorregent in Deggendorf, ein Rheinbergerschüler. Er bestimmte Abt Willibald Adam, der selber ein begeisterter Musiker war, dass der Umbau der Firma Ignaz Weise in Plattling übertragen wurde. Die Orgel erhielt einen neuen Spieltisch und ein Schwellwerk. Ihre Weihe am 11. Oktober 1909 wurde zu einem Fest, das erlesene musikalische Genüsse bot. Der bekannte Komponist P. Griesbacher nahm die Prüfung vor; er erteilte der Firma Weise für ihre Leistung uneingeschränktes Lob. Nun spielten bekannte Meister, Oberlehrer Rossauer, Domorganist Renner jun., und Vinzenz Goller auf der neuen Orgel und erfreuten die Anwesenden durch den Vortrag von Meisterwerken kirchlicher Tonkunst. P. Viktor Eder erntete mit seinem Studentenchor großen Beifall. Den Gesang begleitete mit großer Meisterschaft Hauptlehrer Limmer. Der ‚Deggendorfer Donaubote' spricht von einem überwältigenden Eindruck, den die Aufführungen bei den Zuhörern hinterließen".

Das Werk hatte nun 24 Register mit doppelt spielbarem System und einer Reihe von Transmissionen – ein Wunderwerk der Technik, wie

Abb. 3.8.5.: Entwurf für den 1909 nicht genehmigten Altar. AAM, Repro Nh.

man meinte. Doch hat sich der komplizierte Apparat auf die Dauer nicht bewährt und es ergaben sich Fehlerquellen[129].

Es erfolgten bei dieser Maßnahme erneut deutliche bauliche Veränderungen:

Der Unterbau der Orgel [vgl. < 1736] wird um 1,50 Meter in den unteren Emporenbereich hinein – bis zu den angrenzenden Türstöcken – verlängert. Die bislang mittleren Emporenaufgänge werden entfernt, an ihre Stelle treten zwei schmale Schneckentreppen von links und rechts außen. Der bisherige Notenschrank wird ersetzt durch zwei fensterbündige Kästen unterhalb der beiden Fenster links und rechts der Orgel. Die beiden Choretten werden entfernt. In das Blickfeld des Betrachters aus dem Kirchenschiff ragt seither optisch noch ungünstiger als zuvor die Balustrade der oberen Empore heraus[130].

1909
Ein geplanter Utto-Gamelbert-Altar beim ehemaligen Stephanus-Altar wird vom Bischöflichen Ordinariat Regensburg nicht genehmigt.

1909
Neuanfertigung von zwei Brüstungsgittern über den Doppel-Beichtstühlen.

129 Fink, Orgelstudien 1958, 18.
130 PfrA Mtt, Rechnung Schreiner Höchtl 1909.

Abb. 3.8.6.: Uttoschrein um 1910. AAM. Repro Nh.

1909

Ein Blick hinter den Hochaltar: Trotz der Versetzung des Hochaltars 1646 wurde die Einheit von Mönchschor und Kirche nie aufgegeben, auch nicht bei der Erhöhung des Chores 1714 über die neue Sakristei. Daher gab es im Mönchs- oder Psallierchor vor 1910 hier keinen eigenen Altar – an dessen Stelle stand eine Chororgel. Darüber hing ein Kreuzigungsbild, im Auszug ein Bild „Urständ Christi" [Auferstehung Christi]. Bis heute leisten die Konventualen ihre Referenz zum Tabernakel der Kirche mit einer Kniebeuge, äußeres Bekenntnis zur dieser baulichen Einheit. Leider wissen wir von der künstlerischen Ausgestaltung der Apsisgewölbe nichts. Nachdem sich 1859 ein etwa 30 Pfund schweres Stuckteil aus dem Gewölbe gelöst hatte, wurde der gesamte Stuck abgeschlagen und wohl auch Malereien beseitigt[131]. Man darf ohne zu gewagte Theorien evtl. doch annehmen, dass zumindest die Evangelisten, die doch in keiner Kirche dieser Art fehlen, hier ihren Platz gefunden hatten. Die vier abendländischen Kirchenväter in der Fortsetzung der Presbyteriumsgewölbe sehen wir als ihre Nachfolger bei der Auslegung und Verteidigung der Evangelien.

1910

Uttoschrein bei Jakob Leser, Straubing, angefertigt anlässlich der Kultanerkennung der Gründerseligen Utto und Gamelbert. Bei der Eröff-

131 AAM, Tagebuch Abt Utto Lang 1859.

Abb. 3.8.7.: Die neuen Beichtstühle beim Eingangsgitterj, PfrA Metten, Repro Nh.

nung des festlichen Triduums vom 1. bis 3. Oktober wird der Schrein in die Wandnische hinter dem Pontifikalienthron auf der Evangelienseite gestellt. Der bisherige Glasschrein mit dem Holzgerippe – in der Stirnhöhle Reliquien des seligen Utto, wird entfernt.

Inschrift:

Reliqu. B. UTTONIS abb.
Mon. Metten. Conditae
Anno MCMX.

1910

Aufstellung von Kinderstühlen im Mittelgang[132].

1912

Zwei neue Beichtstühle lt. Kostenvoranschlag vom 4. Oktober 1912 des Bildhauers Ludwig Seywald, Hengersberg. Marmorierung und Vergoldung durch Maler Max Meier, Metten[133].

1918

Die Kirchenglocken werden wegen ihres musikalischen, künstlerischen und historischen Wertes weitgehend von der Kriegsablieferung verschont, nur die „Marienglocke“ von <1853 muss abgeliefert werden. Bei der Abnahme stürzt die Glocke herab und hängt zwischen Turm und Laterne der Seitenkapelle[134].

132 StALa, LRA Deggendorf 4338.
133 PfrA Mtt 205,2.
134 Zimmermann, Nova et vetera 1949, 59.

Abb. 3.8.8.: Glockenabnahme 1918. AAM, Repro Nh.

Abb. 3.8.9.: Aufziehen der neuen Glocke 1926. AAM, Repro Nh.

Abb. 3.8.10.: Ankunft der neuen Glocke mit dem Brauereiauto. AAM, Repro Nh.

Abb. 3.8.11.: Außenrenovierung 1930. AAM, Repro Nh.

1926

Am 27. Oktober kam als Ersatz für die <1918 abgelieferte Glocke eine bereits fertige neue „Andreasglocke" aus Landshut, Gewicht 30 Zentner, benediziert von Abt Willibald Adam am 28. Oktober[135].

1930

Instandsetzung der West- und der Südfassade.

> *„Die heurige Renovierung ging in verhältnismäßig kurzer Zeit – Gott sei Dank ohne jeden Unfall vorüber. Es zeigten sich allerdings, als die Gerüste aufgestellt waren, viele schwere Schäden, vor allem an den Ge-*

135 AAM, Verzeichnis der Stifter und Wohltäter, Nr. 58.

simsen der Türme, wo die Blechdeckung schwer geschädigt und Feuchtigkeit und Schwamm eingedrungen war; auch die sehr schadhaft gewordene Dachrinne über dem Portal hatte dem Mauerwerk Schäden gebracht. Natürlich mußte auch die Schieferbedachung vielfach ausgebessert werden.

Die sehr schwierige Aufstellung der Gerüste und Maurerarbeiten besorgte die Baufirma Hans Gerstner, Deggendorf, unter Aufsicht des Professors Voraus vom Landesamt für Denkmalkunde, die Dachdeckerarbeiten sowie Herablassen und Aufziehen der Turmkreuze das Dachdeckungsgeschäft Ferdinand Singer, Deggendorf, die Schlosserarbeiten Mechaniker Hans Buchner, Metten, die Maler- und Vergolderarbeiten Malermeister Gilch, Metten.

Nun ist alles fertig und unsere liebe Stiftskirche nimmt sich in ihrem neuen Gewand wirklich proper aus, besonders das herrliche Portal tritt wieder so majestätisch hervor, der hl. Michael steht in vollem Glanz über seinem Heiligtum – jeder Besucher Mettens und natürlich in erster Linie die Mettener selber freuen sich und sind stolz auf ihr Gotteshaus".[136]

1935

Ein heftiger Sturm reißt am 24. Februar Kreuz und Knauf vom Nordturm der Kirche. Das Kreuz bleibt am Blitzableitergestänge hängen und baumelt am Schieferdach der Kirche, der Knauf stürzt in den Kreuzgarten[137].

1935

Auf Frauenchiemsee stirbt am 8. März der ehemalige Abt Willibald Adam, bestattet links vom Marienaltar am 13. März.

Abb. 3.8.12.: Grabplatte von Abt Willibald Adam. AAM, Repro Nh.

136 Wohlmuth, Die Außen-Renovierung unserer Pfarrkirche 1930, 58.
137 AAM, Chronik 1929–1966. – Kaufmann, Chronik 2016, 570.

Abb. 3.8.13.: das ergänzte Chorgestühl. AAM, Repro Nh.

1940

Nach Aufhebung des Gymnasiums wird eine gemeinsame Konventmesse angestrebt. Dazu rückt der bisherige Pontifikalthron an den ersten Pilaster beim Aufgang zum Presbyterium, damit am bisherigen Thronus für ein Chorgestühl Platz frei wird. Die Ornamentschnitzerei an den Vorderseiten fertigt der Kleriker Frater Gunther Kroiss (1917–1990).

1941

Beim Einzug zum Pontifikalamt am Schutzengelsonntag spielt der auf Heimaturlaub weilende P. Walter Ringlstetter (1915–1981) mit solcher Begeisterung auf der Orgel, dass ihr der Atem ausgeht[138].

138 AAM, Rundbriefe 1941–1947. 1941, 18.

Abb. 3.8.14.: P. Canisius Griebel als Pfarrer von Metten mit den abzuliefernden Glocken. AAM, Repro Nh.

1942
Am 28. Februar werden die Kirchenglocken von den Türmen geholt und für Kriegszwecke abgeliefert. Lediglich die kleine Loretoglocke von <1773 wird verschont.

3.9. Veränderungen und Renovierungen im 20. Jahrhundert

3.9.1. Renovierungen 1942–1946

„Über die Pfarr- und Klosterkirche kann Folgendes mitgeteilt werden: Es hat eine Besichtigung durch den einschlägigen Referenten vom Landesamt für Denkmalpflege stattgefunden. Das Ergebnis derselben war, daß infolge des schadhaften Kirchendaches schon schwere Schäden entstanden sind im Deckengewölbe und in den Seitennischen, die sofort behoben werden müssen. Dieser Forderung hat der Kirchenverwaltungsausschuß entsprochen und sich entschlossen, unter Beihilfe des Klosters die festgestellten Schäden noch in diesem Sommer beheben zu lassen“[139].

„Eine freudige Nachricht kann mitgeteilt werden: Von der Regierung ist die Genehmigung eingetroffen zur Neuinstandsetzung des Kirchendaches sowie zur Erneuerung des Kircheninneren. Die Umdeckung ist in vollem Gang; im Innern ist mit der Aufstellung des Gerüstes begonnen worden. Die Renovierungsarbeiten stehen unter der Oberaufsicht des Landesamtes für Denkmalpflege und sind der bekannten Firma Brandl von Regensburg-Steinweg übertragen; die Restauration der Gemälde wird Kunstmaler Walter Scheidemandel ausführen, der bereits in Rettenbach Beweise seines Könnens gegeben hat. Für die Überholung und Erweiterung des Orgelwerkes haben der bekannte Komponist Arthur Piechler, der einige Jahre hier studierte, sowie P. Walter Ringlstetter fachkundige Ratschläge gegeben“[140].

„Die Innenrenovierung der Kirche hat bereits begonnen, die Umdeckung des Daches ist nahezu vollendet“[141].

„Die Renovierung der Kirche schreitet vorwärts, wenn auch langsam“[142].

„Hier war am Fest des hl. Michael lediglich ein Konventamt um 8 Uhr, so konnten die Renovierungsarbeiten auch an diesem Tag fortgesetzt werden. Sie sind in letzter Zeit gut vorangeschritten: die Evangelienseite ist in den oberen Partien fertig; die Gemälde in den Nischen sind von der Übermalung der letzten Restaurierung im Jahr 1880 freigelegt; über dem Stephanusaltar kam ein ganz anderes Gemälde zum Vorschein. Auch das große Deckengemälde ist von der späteren Übermalung befreit und kommt jetzt wieder in der ursprünglichen Farbenpracht zur Geltung“[143].

„Die Renovierung des Kirchenschiffes soll noch in diesem Jahr abgeschlossen werden, so dass die Gerüste entfernt werden können. Presbyterium und Orgelchor, Kreuz- und Taufkapelle bleiben dem nächsten Jahr vorbehalten“[144].

139 AAM, Rundbriefe 1941–1947. 12, 1. Juni 1942.
140 AAM, Rundbriefe 1941–1947. 13, 1. Juli 1942.
141 AAM, Rundbriefe 1941–1947. 14, 28. Juli 1942.
142 AAM, Rundbriefe 1941–1947. 15, 1. September 1942.
143 AAM, Rundbriefe 1941–1947. 16, 1. Oktober 1942.
144 AAM, Rundbriefe 1941–1947. 17, 3. November 1942.

„Nachdem die Restauration des Kirchenschiffes beendet ist, wurden die Gerüste entfernt. Es herrscht allgemeine Genugtuung über den festlichen Raum, der infolge der Restauration den Eindruck einer größeren Höhe hervorruft. Nunmehr ist das Gewölbe über der Empore eingerüstet, damit bei Beginn der warmen Jahreszeit die Erneuerungsarbeiten fortgesetzt werden können"[145].

„In der Kirche werden die Restaurierungsarbeiten fortgesetzt. Gegenwärtig wird an der Kreuzkapelle gearbeitet"[146].

„Die Restauration der Kirche wird fortgesetzt; Herr Kunstmaler Walter Scheidemandel, der die Restauration der Deckengemälde ausführt, ist wieder eingetroffen"[147].

„Die Restauration der Kirche geht weiter. Nunmehr ist die Empore vollendet; die Gemälde sind in der ursprünglichen Fassung wieder hergestellt; die hl. Cäcilia präsentiert sich als feine Barockdame, der hl. Wilhelm hat sein aszetisches Aussehen etwas eingebüßt und hat jetzt mehr Ähnlichkeit mit dem gegenwärtigen Träger des Namens in unserem Kloster"[148].

„Die Arbeiten in der Kirche gehen weiter"[149].

„Im Zug der Kirchenrenovierung sollen die alten, bisher im Mönchschor befindlichen Barockgemälde wieder in die entsprechenden Altäre eingefügt werden; zu diesem Zweck wurden in letzter Zeit die beiden Bilder des hl. Stephanus und des hl. Sebastian fachkundig aufgefrischt"[150].

„Von den Arbeiten in der Stiftskirche kann berichtet werden: Im Presbyterium wurden an Stelle der bisherigen bunten Fenster neue helle eingesetzt. Schon jetzt kann man, trotz des Gerüstes, das in kurzem entfernt werden wird, die vorteilhafte Wirkung dieser Maßnahme augenscheinlich erkennen. Auch die beiden Oratorien haben eine künstlerisch hervorragende Erneuerung erfahren. Der Josefsaltar hat eine maßvolle Vergoldung erhalten, gegenwärtig wird an der Mensa gearbeitet"[151].

145 AAM, Rundbriefe 1941–1947. 19, 11. Januar 1943.
146 AAM, Rundbriefe 1941–1947. 22, 1. April 1943.
147 AAM, Rundbriefe 1941–1947. 23, 5. Mai 1943.
148 AAM, Rundbriefe 1941–1947. 24, 2. Juni 1943.
149 AAM, Rundbriefe 1941–1947. 26, 4. August 1943.
150 AAM, Rundbriefe 1941–1947. 27, 6. September 1943.
151 AAM, Rundbriefe 1941–1947. 29, 5. November 1943.

„Die Kirche bietet nach Entfernung der Gerüste einen ganz neuen prachtvollen Anblick und erregt helle Freude bei allen Fronturlaubern und Besuchern. Eine Renovation des Hochaltars steht noch bevor.

Die beiden Holzältäre (hl. Stephan und hl. Sebastian), die vor genau hundert Jahren als stilfremdes Element in die Kirche hineinkamen und mit Recht Anstoß bei kunstbeflissenen Besuchern erregten, werden eben entfernt. Die beiden Altarbilder von Speer schmücken bereits die Wände, an den Mensen wird gearbeitet"[152].

„In der Kirche wurde der neue Kreuzweg durch einen Franziskanerpater aus München eingeweiht. Auf Wunsch des Konservators wurde aus künstlerischen Gründen auf die Anbringung von Bildern verzichtet; lediglich ein dem Stil angepasstes Holzkreuz mit der entsprechenden Zahl darunter deutet die einzelnen Stationen an. Die früheren Stationsbilder von Fr. Lukas Schraudolph wurden auf dringenden Wunsch von P. Norbert Martin der Pfarrkirche Edenstetten überlassen"[153].

„In der Vorhalle der Stiftskirche wurden zwei Nischen geschaffen, in denen die zwei großen Figuren des „Ecce homo" und der „Mater dolorosa", die bisher neben den zwei vordersten Seitenaltären standen, bereits Aufnahme gefunden haben"[154].

„In der Stiftskirche wurden die Renovierung des Stuckbaldachins über dem Chorgestühl auf der Epistelseite vollendet. Es kam dabei reichlich Gold zur Verwendung, so dass das Ganze einen prächtigen Anblick bietet"[155].

„Die Renovierung der Stiftskirche geht, durch die Zeitlage bedingt, schleppend, aber doch zielbewusst weiter. Derzeit wird am Herz-Jesu-Altar, der nunmehr Sakraments- und Kreuzaltar wird, gearbeitet. Das alte, durch Kunstmaler Walter Scheidemandel erneuerte Kreuzbild von Martin Speer schmückt bereits den Altar. In nächster Zeit soll der Einbau des neuen Tabernakels erfolgen. Der Renovatio harren jetzt noch der Hochaltar und drei Seitenaltäre.

---

152 AAM, Rundbriefe 1941–1947. 30, 5. Dezember 1945.

153 AAM, Rundbriefe 1941–1947. 33, März 1944.

154 AAM, Rundbriefe 1941–1947. 34, 5. April 1944.

155 AAM, Rundbriefe 1941–1947. 41, 2. November 1944.

Abb. 3.9.1.: Gerüst für die Innenrenovierung, 1942–46. AAM, Repro Nh.

Abb. 3.9.2.: Stephanusaltar mit dem ursprünglichen Altarbild. AAM, Repro Nh.

Unsere Hoffnung, dass zu Michaeli das neue Geläut bereits im Glockenstuhl hängen würde, hat sich leider nicht erfüllt"[156].

Die bunten Glasfenster im Presbyterium werden wieder entfernt.

Die barocken Altarbilder werden wieder in die Seitenaltäre eingesetzt: Kreuzigung Christi von Martin Speer in den Kreuzaltar; Maria, Rosenkranzkönigin von Asam in den Marienaltar; die beiden neugotischen Altäre zum hl. Sebastian und zum hl. Stephanus werden vereinfacht, darüber hängen nun die zugehörigen barocken Altarbilder von Martin Speer.

Die Rokoko-Schreine mit den Katakombenreliquien hl. Fortunat und hl. Felician an den beiden vorderen Seitenaltären gelangen in die sog. Tauf- bzw. in die Kreuzkapelle (eigentlich Andreas- bzw. Laurentius-Kapelle) links und rechts der Eingangshalle der Kirche. Mit dieser

156 AAM, Rundbriefe 1941–1947. 50, Herbst 1946.

Entscheidung löst sich der optische Zusammenhang des Hochaltar-Tabernakels mit den ersten Seitenaltären.

Für den Kreuzaltar wird nach Entwurf von P. Clemens Gietl OSB (1905–1975) ein Tabernakel angefertigt in der Art des ehemaligen barocken Tabernakels am Stephanusaltar (jetzt in der Leonhardkirche in Buchberg, Pfarrei Neuhausen), allerdings weitaus höher und breiter. Der Tabernakel wird oben mit einer beweglichen weißen Stuck-Krone versehen, an deren Stelle zu bestimmten Anlässen das Kreuz-Reliquiar ausgesetzt werden kann.

Auf den Marienaltar wird 1946 ein Podest aus Stuckmarmor für den Uttoschrein mit den Reliquien des Seligen errichtet, denn der bisherige Platz auf der Epistelseite des Presbyteriums (bislang befanden sich dort die Sedilien für den Pontifikalthron) ist nun durch ein Chorgestühl verstellt.

3.9.2. Renovierungen und Veränderungen bis Ende des 20. Jahrhunderts

1948

Die Kriegsereignisse erzwangen fünf neue Glocken. Die künstlerische Gestaltung lag in Händen von P. Clemens Gietl OSB (1900–1975) und dem Bildhauer Hermann Leipold (1884–1960). Die Gießerei Rudolf Oberascher, München, wurde mit dem Neuguss beauftragt.

Die neuen Glocken – Inschriften und Maße[157]:

Michaels-Glocke

Schlagton h, Gewicht 2.955kg, Durchmesser 168 cm. Beim Guss ist die Glocke einen halben Ton zu hoch geraten, trotzdem plädierte der Münchener Domkapellmeister und Glockenprüfer Ludwig Berberich (1882–1965) für die Beibehaltung.

Am oberen Kranz mit Puttenfries, auf der Schauseite der Erzengel Michael, Patron von Kirche, Kloster und Pfarrei; auf der Rückseite das Wappen von Kloster und Abt.

Inschriften neben den Symbolen:

DEO SANCTO EXCELSO
SUMMIQUE REGIS SIGNIFERO

157 Diese Notizen sind im Wesentlichen übernommen aus Zimmermann, Nova et vetera 1948, 61–62.

DIVO MICHAELI ARCHANGELO
CAELESTIS MILITIAE PRINCIPI
HUIUS SANCTUARII PATRONO
AERE RESONET
HONOR ET GLORIA

ANNO MCCCXIV NATA
MDCCCLXXIX REFUSA
DIRIS BELLI TEMPORIBUS
MCMXLII SUBLATA
AD SANCTI MICHAELIS LAUDEM
NOVO SPLENDORE RESURREXI
SUB REGIMINE
CORBINIANI HOFMEISTER
ABBATIS METAMENSIS
A.D. MCMXLVIII

An den Jahreszahlen abgelesen ist diese Glocke in der Tradition der Michaels- oder Zwölferglocke von 1314 zu sehen, umgegossen <1879, abgenommen <1942.

Inschrift am unteren Rand:

PRINCEPS GLORIOSISSIME MICHAEL ARCHANGELE
SEMPER PRECARE PRO NOBIS FILIUM DEI

„Die große Glocke verkündet uns durch St. Michael Christi Ruhm…Ihr Klang soll immer neu wecken den Geist Christi, den Geist des Verstehens und Helfens in der Zusammenarbeit zwischen Kloster und Pfarrei, deren gemeinsamer Patron der Bannerträger Christi des Königs ist“[158].

Die Michaelsglocke befindet sich im Nordturm und ist die „Konventglocke“; sie läutet zu den pontifikalen Festanlässen, zur Feierlichen Profess und kündet vom Ableben eines Konventualen.

Christkönigsglocke

Schlagton cis; Gewicht 1.550 kg; Durchmesser 142 cm.
Inschrift oben:

158 Ausschnitte aus der Predigt des Ortspfarrers P. Canisius Griebel OSB (1905–1986) bei der Glockenweihe am 19. Dezember 1948. Vgl. Zimmermann, Nova et vetera 1948, 62.

O REX GLORIAE CHRISTE VENI CUM PACE. A.D. MCMXLVIII

Glockenmantel:
Christusmonogramm im Lorbeerkranz, umlaufend die drei Inschriften:

CHRISTUS CHRISTUS CHRISTUS
VINCIT REGNAT IMPERAT

Inschrift am unteren Rand:

CHRISTO REGI GLORIAE HANC CAMPANAM CONSECRAVIT CORBINIANUS HOFMEISTER ABBAS METAMENSIS.

„Die Christkönigsglocke ruft zum gemeinsamen Gottesdienst, der an Sonn- und Festtagen vom Hirten für die Herde dargebracht wird ... Ihr Klang sei ein stetes Loblied der in Liebe zu Christus geeinten Pfarrfamilie".

Marienglocke

Schlagton dis; Gewicht 1.080 kg, Durchmesser 125 cm.
Inschrift oben:

NOS CUM PROLE PIA BENEDICAT VIRGO MARIA

Schauseite:
Maria mit dem göttlichen Kind
Inschrift auf der Rückseite:

AVE MARIA GRATIA PLENA DOMINUS TECUM BENEDICTA TU IN MULIERIBUS

Inschrift unten:

MATRI DEI GLORIOSAE HOC RESONARE JUBET PERPETUAS LAUDES CORBINIANUS ABBAS

„Auch die Marienglocke führt zu Christus; das dreimalige Aveläuten soll das öffentliche Leben wieder mit Glauben erfüllen und zum äußeren Bekenntnis dieses Glaubens mahnen".

Uttoglocke

Schlagton eis; Gewicht 740 kg; Durchmesser 111 cm.
Oben:
Fries von Palmen und Lilien.
Schauseite:
Bild des seligen Gründerabtes Utto, flankiert von der Inschrift auf dem Uttostab:

Abb. 3.9.3.: Glockenweihe am 19. Dezember 1948. Ölbild von Zoltan Benyey (1903–1987). Nach verschiedenen Komplikationen bei der Installation erklang das Gesamtgeläute erstmals bei der Feierlichen Profess von Frater Gregor Reber (1921–1996) am 15. Januar 1949. AAM, Repro Nh.

QUOD DOMINUS PETRO PETRUS TIBI CONTULIT UTTO

Inschrift unten:

BEATO UTTONI AES ISTUD SACRATUM VOLUIT CORBINIANUS ABBAS

Rückseite:

Vision des Abtes Utto als legendärer Einsiedler, Inschrift:

UTTO PATER PIISSIME FILIOS TUOS RESPICE

„Die Uttoglocke mit ihrer Inschrift erinnert daran, daß die Gewalt des Abtes, alle obrigkeitliche Gewalt von Christus kommt. Sie ruft die Kinder, die ja besonders unter Obrigkeiten stehen, zur täglichen Schulmesse“.

Josefsglocke

Schlagton gis; Gewicht 405 kg; Durchmesser 92 cm.

Inschrift oben:

SANCTE JOSEPH PATRONE MORIENTIUM ORA PRO NOBIS

Abbildung auf der Schauseite:
Tod des hl. Josef.
Abbildung auf der Rückseite:
Brennende Lampe.
Inschrift unten:

FILII DEI NUTRICIO HANC CAMPANAM DEDICAVIT CORBINIANUS ABBAS

„Die Josephsglocke, die Sterbe- und Armeseelenglocke, mahnt uns an den Augenblick, wo wir vor dem Richterstuhl Christi des Königs stehen werden".

„Das ganze Geläute aber ist ein Wohlklang: ‚Christus alles und in allem'. Ein Wohlklang jedoch, der sich hier nicht auflöst, sondern hinweist in die Ewigkeit … zu dem, der allein letzte Vollendung, letzte Lösung aller Fragen ist, Christus, der Herr".

1951
Renovierung des Mettener Wahrzeichens zwischen den Kirchentürmen.

„Stand doch unser geliebtes Wahrzeichen St. Michael nicht mehr auf dem gewohnten Platz auf der Stiftskirche, nein, er schwebte ratlos ohne Speer und ohne Kopf in der flimmernden Sommerluft, an seinen Flügeln aufgehängt! Wie es dazu kam? Nun, sein ewiger Widersacher, durch die unausgesetzten Lanzenstöße doch einmal mürbe geworden, musste renoviert werden und abei wurde von den teuflischen Erneuerern auch das Postament, auf dem sich der Kampf abspielt, als nicht mehr vertrauenswürdig erkannt. Den Kopf nahm man dem Erzengel vielleicht auch deshalb ab, damit er nicht tatenlos zuzusehen brauchte, wie der Teufel neuen Glanz und Frische erhielt. Zur Ehre der maßgebenden Stellen sei gesagt, dass nicht nur der Satan, sondern auch die beiden Türme einen neuen Anstrich erhielten. Sogar bei den goldenen Kuppelknäufen tauchten die waghalsigen Arbeiter auf, schwebten mittels luftiger Sitze um die Türme herum, putzend und malend; sie vergaßen auch die Zifferblätter nicht, damit die Mettener immer wissen, wie viel es geschlagen hat"[159].

159 AJM 18, 1951/52, 28. Chronik Ostern bis August 1951, verfasst von Horst Weinold, 8. Klasse.

Abb. 3.9.4.: Die mit dem bald umstrittenen Rückpositiv erweiterte Orgel. AAM, Repro Nh.

1958
Renovierung des Hochaltars (Fa. Preis, Parsberg)

1958
Die Orgelbewegung sucht die Rückkehr zum alten Klangideal. Diesmal wird ein Rückpositiv zugebaut. Ein beinahe um das Doppelte erweiterte Werk mit 42 Registern, 2442 Pfeifen und drei Manualen entsteht, das dem Kirchenraum entsprechen soll.

Bauliche Veränderungen: Einbau eines Rückpositivs auf der unteren Empore; der Spieltisch rückt aus der Mitte hinaus auf die rechte Seite (von der Orgel aus gesehen), dafür wird eine Aufgangstreppe [< 1909] überbaut[160].

160 Fink, Orgelstudien 1958, 118.

1963

Außenrenovierung

Trockenlegung, Putzerneuerungen, Neuvergoldung der Turmkreuze und des Erzengels Michael, Auffrischung der Zifferblätter, Überarbeiten des Eingangsportals; die Seitenkapellen erhalten ein neues Kupferdach.

1964

Beginn einer Innenrestaurierung im Hinblick auf das 1200-Jahr-Jubiläum [1966].

Fresken im Presbyterium und im Eingangsgewölbe. Der Kunstmaler und Restaurator Albert Lauerbach (1901–1973)[161] entdeckt in der legendären Szene „Kaiser Karl begegnet dem Einsiedler Utto" die Künstlersignatur M.A.H. (= Maler Andreas Heindl) am Halsband eines Hundes.

Abb. 3.9.5.: Grabplatte von Abt Corbinian Hofmeister. Nh.

1966

In Tutzing verstirbt am 24. Oktober Abt Corbinian Hofmeister; sein Grab befindet sich seit dem 27. Oktober rechts des Marienaltars.

Die beigelegte Urkunde:

„In rei testimonium. Die vicesima quinta mensis Oct. Anni MDCCCCLXVI hoc sepulcrum apertum est, ut ibi Rev. ac ill. D.D. Abbas Corbinianus Hofmeister, Abbas huius monasterii, sepileretur. Ideo arca cum ossibus Rev. ad ill. D.D. Abbatis Uttonis Lang in praesentia V. P. Prioris, p.t. vicarii capitularis et medici regionalis Dr. Joann. Eichinger Deggendorfensis debita cum reverentia aperta est ossaque hac nova arca condita sunt.

161 Eine treffende Würdigung des Kunstmalers Lauerbach befindet sich in: OBAG-Kulturpreis Ostbayern, Band 2, 44–45, Regensburg 1983. Der Kunstpreis wurde ihm 1973 „posthum" verliehen, da er am 1. Mai 1973 verstorben war

Abb. 3.9.6.: Verschiedene Instandsetzungen ab 1968, neuer Volksaltar 1982. AAM, Repro Nh.

Altera cassa ibidem cum ossibus alterius praedecessoris ignoti vel lapide memoriali indicati Abb. Augustini Ostermayer sive Romani Schäffler in capsula rotunda ex metallo confecta eodem in loco reposita est"[162].

1968

Entfernung der beiden neugotischen Seitenaltäre; die noch vorhandenen und seit 1847 verdeckten barocken Altarmensen werden jeweils durch eine gemauerte Mensa ersetzt.

Restaurierung der Fresken im Hauptgewölbe (Restaurator Eberhard Kneer).

1969/1970

Restaurierung der Seitenaltäre. Albert Lauerbach [< 1964] ergänzt auch die am unteren Rand verkürzten Bilder am Petrus- und am Benediktusaltar. Erneuerung der Stucksockel an den Pfeilern.

162 AAM, Materialien zur Klosterkirche.

Abb. 3.9.7.: Neueindeckung der Turmkuppeln mit Kupferblech, 1974. AAM, Repro: Nh.

1971
Restaurierung der Beichtstühle.

1974
Die mit Schiefer gedeckten Turmkuppeln erhalten Kupferblech, die Turmdachstühle werden repariert.

1977
Neue Türen für das Hauptportal.

1977
Abt Emmeram Geser (1971–1989) lässt beim Sebastianaltar vier Grablegen für verstorbene Äbte anlegen. Beim Aushub wird das Grab des Abtes Benedikt I. Ferg (1786–1706) aufgefunden und dessen Knochenreste seitwärts neu beigesetzt. Bemerkenswert ist, dass die bislang durchgehende Bestattungsrichtung von Ost nach West aufgegeben wird und die Richtung des Seitenaltars aufgenommen wird, also von Süd nach Nord.- Am >28. Dezember 2021 wird Abt Emmeram hier bestattet.

1982
Sanierung des Dachstuhls.

1983
Restaurierung des hl. Erzengels Michael auf der Mittelkuppel.

Abb. 3.9.8.: Kirche von der Südseite, ca. 1975. AAM, Repro Nh.

Abb. 3.9.9.: Kreuzigungsgruppe in der jetzigen Marienkapelle, um 1900. AAM, Repro Nh.

1988
Restaurierung der Orgeltribüne und des Orgelprospektes. Beiderseitige Erneuerung der Aufgangstreppen; der denkmalpflegerische Rückbau der Tribüne auf das Maß vor 1909 wird aus Platzgründen nicht vollzogen; die <1833 stillgelegten Seitentürme werden in begrenztem Umfang wieder in das Werk einbezogen, die technische Entwicklung lässt das zu.

Ein neues Werk mit 43 Registern von Fa. Sandtner, Dillingen, wird bei einem Festgottesdienst am 7. Mai 1989 von Abt Emmeram Geser gesegnet; am Nachmittag Orgelkonzert mit einem Grußwort von Weihbischof Wilhelm Schraml, Kirchenmusikreferent der Diözese Regensburg.

1995
Restaurierung der Kreuzigungsgruppe in der Kreuzkapelle.

Abb. 3.9.10. (links): Grabplatte von Kardinal Augustinus Mayer. Nh.

Abb. 3.9.11. (rechts): Grabplatte von Abt Emmeram Geser. Nh.

3.10. Instandhaltungen und Renovierung zu Anfang des 21. Jahrhunderts

2004
Restaurierung der Turmkreuze

2007
Vorplanungen für eine Innenrenovierung >2014.

2010
Am 30. April stirbt Kardinal Augustinus Mayer in Rom; nach der Überführung in seine Heimatabtei wird er am 12. Mai links des Marienaltars bestattet.

2014
Nach langwierigen Vorarbeiten und Befundungen wird eine gründliche Innenrenovierung durchgeführt, abgeschlossen 2016.

2021
In Mallersdorf stirbt am 19. Dezember der ehemalige Abt Emmeram Geser (1971–1989); er wird am 28. Dezember als erster in der von ihm 1977 vorbereiteten Vier-Kammer-Gruft für Äbtebestattungen beigesetzt.

„TESTIMONIUM MANET“ – DIE BOTSCHAFT BLEIBT

4. Vorplatz und Eingangsbereich

4.1. Konventfriedhof und Portal

Der Vorplatz der Kirche, jetzt flankiert von zwei Bereichen für den **Konventfriedhof**, bot sich bis 1803 optisch wesentlich weiträumiger dar. An der Stelle des jetzigen Missionskreuzes stand bis 1807 die Dorfkirche St. Martin. Sie lag beinahe zentral im Umfeld der umgebenden Mauern mit der Johannes-Nepomuk-Kapelle und dem Ölberg Die letzten Konvent-Begräbnisse erfolgten bis unmittelbar vor der Klosteraufhebung in einer Nord-Ost-Ecke des damaligen Prälatengartens [die Stelle wäre jetzt von einem Parkplatz überdeckt], nachdem die Bestattungen im Kreuzgang verboten worden waren. Die verstorbenen Ortsbewohner hatten im Bereich der Dorfkirche St. Martin ihre letzte Ruhestätte gefunden. Das Grab des letzten Abtes Cölestin Stöckl an der Außenwand der Andreaskapelle dürfte 1807 das erste gewesen sein, dem nach und nach eine Belegung mit den verstorbenen Ortsbewohnern folgte, meist aus den unmittelbar nach der Säkularisation zugezogenen Familien, dann mit Angehörigen von Konventualen und in Metten verstorbenen Seminaristen. Nach der Wiedererrichtung des Klosters entschied sich der Konvent anstelle einer Gruft für die Friedhofbestattung der Patres im südlich anliegenden Zugangsbereich der Kirche mit der herkömmlichen Bestattungsrichtung Ost/West. Wegen der traditionellen Bestattungsrichtung West/Ost für Laien war bis 1967 ein Friedhofsteil auf der Nordseite für die Laienbrüder reserviert. Weitere Bestattungen wurden dann untersagt und der Friedhof insgesamt stillgelegt. Der Konvent hatte nun wiederum über eine Gruft im Kreuzgarten beraten, es wurde dann allerdings entschieden, sich dem Begräbnis auf dem Neuen Friedhof an der Straße nach Neuhausen anzuschließen. Die dort bestatteten sechs Konventualen konnten 1975 nach einer Generalsanierung des alten Konventfriedhofes mit großzügigen Abständen der Gräberreihen wieder umgebettet werden. Mit einer kleinen Erweiterung um drei Grabreihen ist gewährleistet, dass eine Überbelegung des Friedhofes nicht eintreten kann. Auf den einheitlichen Grabkreuzen befinden sich die zwei Namen der zuletzt an der betreffenden Stelle beerdigten Konventualen. Ein bleibendes

Gedenken an alle nicht mehr erwähnten Konventualen setzt sich auf steinernen Platten im Kreuzgang des Klosters fort. Die ersten Gedenkplatten waren ursprünglich draußen an der Südmauer eingelassen; sie wurden 1975 entnommen, um die zunehmende Verwitterung zu vermeiden. Lediglich der Grabstein für den Gründungsprior Ildefons Nebauer verblieb in einer Mauernische.

Das **Portal** zur Kirche zieht unweigerlich den Blick auf sich und spricht von der „Heiligkeit", die dem Haus Gottes geziemt:

„DOMUM TUAM DECET SANCTITUDO DOMINE"
Psalm 92, V. 6.........................MDCCXXIV
[Deinem Haus gebührt Heiligkeit, o Herr]
[Psalm 92 (93), Vers 6(5).........1724]

Der Aedicula-Aufbau an Portalgiebel und die flankierenden Säulen machen schon draußen aufmerksam auf die vorderen Seitenaltäre und verraten im Unterschied zum älteren Hochaltaraufbau in den Giebelvoluten und Säulenstützen die geringe Zeitnähe zueinander. Sogar die flankierende Johannes-Nepomuk-Kapelle in der Nordwand des Konventfriedhofes greift diese Struktur erkennbar auf. Ob es dazu ein Gegenstück an der Südmauer mit einem Abstieg in den darunterliegenden Garten gab, lässt sich durch die Umbauten nicht einwandfrei nachweisen.

Im Giebelfeld des Hauptportals schwebt ein Engelskopf, versehen mit Mitra und Abtstab, wie ein Wächter über dem Klosterwappen (links) mit dem Doppeladler und den Lilien und dem persönlichen Wappenbild (rechts) des Abtes Roman II. Märkl (1706–1729). Darunter die Widmung aus Psalm 92 (93), Vers 6 (5), die besondere Würde, die „sanctitudo", und die Übereignung, „domum tuam, Domine", als Haus Gottes aussprechend.

> „Die Pforte. Schon oft sind wir durch sie in die Kirche eingetreten, und jedesmal hat sie etwas gesagt. Haben wir es vernommen? [...] Wenn du durch ihren Rahmen gehst, und bist innerlich wach, dann fühlst du: Nun verlasse ich das Draußen; ich trete in ein Inneres ein. [...] Die Pforte steht zwischen Draußen und Drinnen; zwischen Markt und Heiligtum; zwischen dem, was der Welt gehört und dem Geweihten Gottes. Und wenn Einer durch sie hindurchgeht, dann spricht sie zu ihm: Lass draußen, was nicht hereingehört, Gedanken, Wünsche, Sorgen, Neu-

gierde, Eitelkeit. Alles, was nicht geweiht ist, lass draußen. Mach dich rein, du trittst ins Heiligtum [...] Der hohe Kirchenraum ist ein Gleichnis der unendlichen Ewigkeit, des ‚Himmels', wo Gott wohnt. Gewiss, die Berge sind noch höher, die blaue Weite draußen steigt ins Unmessbare. Aber alles ist offen, ohne Grenze noch Gestalt. Doch hier aber ist der Raum für Gott ausgesondert; für ihn geformt, heilig durchbildet. Wir fühlen die aufsteigenden Pfeiler, die breiten Wände, die hohe Wölbung: Ja, das ist Gottes Haus, Gottes Wohnung in einer besonderen, geistlichen Weise"[163].

4.2. Das Eingangsgewölbe

Das Eingangsfresko, wie so oft in vergleichbaren Kirchen spärlich belichtet aus dem Kirchenraum und den beiden Eingangskapellen, führt die legendären Ursprünge des Klosters und damit der Kirche an diesem Ort vor Augen. Der Überlieferung nach traf Kaiser Karl d. Große den seligen Einsiedler Utto betend vor einer Einsiedelei – verortet nach Uttobrunn. Der Kaiser habe sich auf einer Jagdreise verirrt und dem frommen Mann die Gründung eines Klosters genehmigt, falls er ihm den rechten Weg zeigen könne. Die Historie weist jedoch einen anderen Weg: der hohe Herrscher hatte nach der Absetzung des bayerischen Herzogs Tassilo III. im Jahr 788 wie andere Klöster auch die noch junge Gründung Metten unter seinen Schutz genommen. Eine vermeintliche „Gründung" durch den Kaiser war für die Rechtsstellung des mittelalterlichen Klosters höchst wichtig. Erst im 20. Jahrhundert gelang es allmählich, den „Zeitpuffer" zwischen „Gründung" 766 und kaiserlicher Bestätigung 792 gegen alle festgefahrene Legende zu klären.

Das Fresko liefert seit 1967 eine höchst wichtige und sichere Nachricht über den Maler Wolfgang Andreas Heindl. Bis dahin kursierten verschiedene Thesen, die sich auch in den Publikationen über die Kirche bis in die zweite Hälfte des 20. Jahrhunderts behaupten konnten.

163 Guardini 1992, 34–36.

Abb. 4.2.1.: Eingangsgewölbe, die legendäre Begegnung Kaiser Karls d. Großen mit Utto als Einsiedler. Nh.

4.3. Die beiden Portal-Seitenkapellen

Links und rechts der Eingangshalle wurden von der Vorgängerkirche jene Kapellen mit ihren Patrozinien St. Andreas und St. Laurentius übernommen, die den Forstern [< 1291] bzw. den Degenbergern [< 1315] als Begräbnisstätten dienten. Schwarze Barockaltäre (nicht mehr vorhanden) erhielten sie bereits in der Zeit des Abtes Benedikt I. Ferg (1686–1706). Insofern zählen sie nicht zum neuen ikonographischen Programm bei der Barockisierung. Abt Benedikt I. legte 1699 den Grundstein zur Marienkirche in Uttobrunn, deren zeitgenössischer Altar evtl. als vergleichbar gelten kann.

4.3.1. Hl. Andreas

Andreas ist der Bruder des Simon Petrus, beide stammen aus Bethsaida am See Gennesaret, von Beruf waren sie Fischer. Andreas wird von Johannes d. Täufer auf Jesus Christus verwiesen, Andreas wiederum berichtet seinem Bruder Simon: „Wir haben den Messias gefunden" (Joh 1,41). Nach der Himmelfahrt Jesu und dem Pfingstereignis predigte er in Epirus, Kappadokien, Skythien, Thrakien, Mazedonien und Achaia, in Ostanatolien und Georgien – also in Kleinasien und in Europa. Andreas erleidet in Achaia zur Zeit des Kaisers Nero wie auch sein Bruder Simon in Rom den Märtyrertod am Kreuz.

Seit Übertragung der Taufstelle aus der Dorfkirche St. Martin nach der Klosteraufhebung 1803 auch „Taufkapelle" genannt. Ein Andreasaltar stand hier evtl. bis zu den ersten Versuchen zur Entbarockisierung Mitte des 19. Jahrhunderts, denn die Überreste der Nachfolgealtäre – entfernt Mitte des 20. Jahrhunderts – lassen auf ähnliche Lösungen schließen wie bei den Seitenaltären St. Stephan und St. Sebastian im vorderen Langhausbereich. Mit der Aufstellung einer Madonna nach der Renovierung 1967 auch „Marienkapelle" benannt. Bei der letzten umfangreichen Sanierung wurde die Kreuzigungsgruppe aus der gegenüberliegenden „Kreuz"- bzw. „Laurentius"-Kapelle hierher versetzt.

4.3.2. Hl. Laurentius

Der Diakon Laurentius zählt von jeher zu den meistverehrten Heiligen in aller Welt. Die griechische Kirche bezeichnet ihn gar als „Großmär-

Abb. 4.3.1.: Relief des guten Hirten in der früheren Andreaskapelle. Nh.

Abb. 4.3.2.: Marienfigur in der früheren Laurentiuskapelle. Nh.

tyrer". In Rom wuchs seine Verehrung unmittelbar nach Petrus und Paulus. Über seinem Grab steht die um 330 erbaute Basilika „S. Lorenzo fuori le mura".

Auch hier haben wir uns einen Altar vorzustellen, der vermutlich gleich zu Anfang der „Bereinigung" [>1847] entfernt wurde und im neuen Stil des vorderen Stephanus- bzw. Sebastianaltares ersetzt wurde. Als auch dieser Altar als unpassend erachtet wurde, gelangte 1946 die Kreuzigungsgruppe – bisher an der Südseite dieser Kapelle platziert – an die Altarwand. Bei der Renovierung 2010 wurden auf besonderen Wunsch von Pfarrer P. Eberhard Lorenz OSB die Kreuzigungsgruppe und die Marienstatue aus der „Taufkapelle" gegeneinander ausgetauscht. Seither gilt es, sich auch an eine Umbenennung zu gewöhnen, denn jetzt ist die Taufkapelle eine „Kreuzkapelle", die bisherige Kreuzkapelle nennt sich nun „Marienkapelle". Nebenbei geschah hier eine sinnvolle Entsprechung zur traditionellen Anordnung auf Evangelien- bzw. Epistelseite.

Abb. 5.1.1.: Ausschnitt aus dem Hochaltarbild 1715 von Cosmas Damian Asam. Nh.

Abb. 5.1.2.: Auszugsbild „Maria lactans". Nh.

5. Altarraum und Kanzel

5.1. Hochaltar

Bekrönung der Gesamtszene mit dem „Gottesauge". Darunter ein Bild einer „Maria lactans"[164]. Giebelinschrift über dem Altarbild[165]:

D.MICHAELI
ARCH:COELESTIS
MILITIAE PRINCIPI
SACRVM.

164 Vgl. Horstius 1732, 471 Litaniae de vita ac passionis Domini: „Jesu, ubere virgineo lactate…Miserere nobis".

165 Vgl. Horstius 1732, 113, Litaniae de sanctis angelis: „Sancte Michael princeps caelestis exercitus…ora pro nobis".

Abb. 5.1.3.: Säulenkartusche links. Nh.

Abb. 5.1.4.: Säulenkartusche rechts. Nh.

Michael wird erstmals im alttestamentlichen Buch Daniel erwähnt (Dan 12,21). Die Offenbarung des Johannes beschreibt den Kampf Michaels mit dem Satan, der den ganzen Erdkreis verführt, aber keinen Platz mehr im Himmel findet (Offb 12,7–12a). Michael verweist auch auf das erste Gebot, dass Gott allein der Herr ist, den wir aus ganzem Herzen und mit all unseren Kräften lieben sollen (vgl. Exodus 20,3–6).

Kartusche über der linken Altarsäule:

Monogramm: Ineinander verschlungene Buchstaben, aus denen sich ein „O“, zwei „D“, ein „A“ herauslesen lassen: „*Deus Omnipotens Aeternus Dominus*“ [Allmächtiger Gott, ewiger Herr]. Der Psalmvers darunter würde sich sinnvoll anschließen: „LAVDATE DEVM OMNES ANGELI EIVS.“ [Lobt Gott, all seine Engel]. Ein Hinweis auf den Psalmvers fehlt, denn er wird fortgesetzt auf der rechten Seite:

Kartusche über der rechten Altarsäule, inhaltlich eine Fortsetzung des linken Psalmverses:

Monogramm: Drei ineinander verschlungene "**D**" für „**D**eus“, darüber ein „**T**“ für „**T**rinitas“, außerordentlich seltenes Symbol für die Dreieinigkeit; erinnert an die Einleitungsanrufungen jeglicher Litanei:

Pater de caelis Deus, miserere nobis.
Fili Redemptor mundi Deus, miserere nobis.
Spiritus Sancte Deus, miserere nobis.
Sancta Trinitas unus Deus, miserere nobis.

Auch hier ergänzt der Psalmvers 148,2 treffend: „LAUDATE EVM OMNES VIRTVTES EIVS. PS: 148“ [Lobt ihn, all seine Scharen].

Die Widmungen beiderseits können als Anlehnung an die Präfationen der Messliturgie betrachtet werden: Zuerst der Lobpreis Gottes, dann das Einstimmen der Engel und himmlischen Scharen.

5.1.1. Assistenzfiguren

a) Kaiser Karl der Große (~742–814)

Kirchenmodell und Klosterwappen als Attribute.
788 wird der Bayernherzog Tassilo III. bei der Reichsversammlung zu Ingelheim von Karl dem Großen abgesetzt. Bayern wird unmittelbar der Herrschaft des Königs unterstellt. Eine zugunsten Kaiser Karls d. Großen umdestinierte Gründungslegende schließt sich ab 1246 dem Trend an, neben dem „historischen“ den „mythischen“ Karl zu verehren. 1165 kommt es zu einer formalen, von Friedrich Barbarossa betriebenen – nie offiziellen römisch anerkannten – Heiligsprechung (Gedenktag 28. Januar) durch den Gegenpapst Paschalis III. (1164–1168). Abt Albert I. (1242–1268), der für Metten – wie auch in seinem Heimatkloster St. Emmeram (Regensburg) geschehen – die Freiheit und Unabhängigkeit vom Bischof durchzusetzen suchte, nutzte die politische Gunst der Stunde nach dem Erlöschen der Babenberger mit dem Rückgriff auf das „königliche Kloster“ von 792[166].

Um die Bedeutung des vermeintlichen Klostergründers zu betonen, wurde Kaiser Karl d. Große über der Sakristeitür der Evangelienseite positioniert. Eine Inschrift im Türbogen zur Sakristei wurde allerdings angesichts der historischen Realität im 20. Jahrhundert übermalt.

b) Hl. Ordensvater Benedikt (480–531)

Ein zerbrochenes Trinkgefäß, aus dem eine Schlange züngelt, erinnert an eine Begebenheit im Leben Benedikts. Die verwaisten Mönche von

166 Kaufmann, Chronik 2016, 33, 73–77.

Abb. 5.1.5.: Kaiser Karl der Große. Nh.

Abb. 5.1.6.: Benedikt von Nursia. Nh.

Vicovaro holten ihn aus der Einsiedelei zur Führung ihres Klosters. Es entwickelte sich jedoch eine derartige Unzufriedenheit, dass sie Benedikt umbringen wollten. Beim Segen über einen vergifteten Tischwein zerspringt das Gefäß. Daraufhin verlässt Benedikt Vicovaro: „Geht und sucht euch einen Abt nach eurer Art. Denn nach allem, was geschehen ist, könnt ihr mich nicht mehr halten“[167].

„Ausculta o fili praecepta magistri“ [Höre, mein Sohn, auf die Lehren des Meisters; Anfang des Prologs in der benediktinischen Klosterregel]

5.1.2. Tabernakel

Im drehbaren Mittelteil drei Nischen für Kreuz (im Hintergrund das Abtwappen), Ziborium und Monstranz, links und rechts wieder jeweils drei Abteilungen für Reliquien bzw. zwei wechselnde Bildmotive zu Advent und Passionszeit.

167 Dialoge 2,3,1–4. – Puzicha 152.

Abb. 5.1.7.: Tabernakel des Hochaltars. Nh.

Zugleich lässt Abt Lambert die schon vorher (1766?) von Papst Clemens XIII. (1758–1769) geschenkten Reliquien, versehen mit Authentik von dem Kardinalpriester Markus Antonius Columna (1724–1793) fassen und am 8. September 1776 mit Zustimmung des Bischofs Anton Ignaz Graf von Fugger von Regensburg (1769–1787) in den neuen Tabernakel einsetzen.

Der jeweils lateinische Text ist in der Tabernakelwand befestigt:

„Quod has Reliquias Sanctorum a SS DD Papa Clemente XIII. mihi donates: ab Eminentiss: D. D. Marco Antonio tituli Sanctae Mariae d: Pace S. R. E. Presbytero Cardinale Columna SS. DD. Papae Vicario Generali, Romanaeque Curiae, eiusque districto Judice Ordinario &c. Authenticis confirmatas & a Reverendissimo Ordinario Ratisbonensi approbatas in hoc sacro loco deposuerim testor Manu propria & Abbatiali me Sigillo minori.

Mettenae die 8. Septemb: anno 1776. Lambertus Abb.

Evangelienseite, die einzelnen Reliquien von oben nach unten:

- Schleier der Seligen Jungfrau Maria; St. Anna, Mutter Mariens;
- Apostel Petrus, Thomas, Jakobus dem Jüngeren, Barnabas, Paulus, Philippus, Simon, Evangelist Lukas;
- St. Stephan, Levit und Märtyrer, St. Cassius, Märtyrer;
- Märtyrern Quirinus, Tiburtius, Cosmas, Vincentius, Venantius, Hyginus, Pancratius, Damianus, Anastasius, Innocentius;
- Hl. Ordensgründer Benedictus;
- St. Placidus, Märtyrer und Schüler des hl. Benedikt, St. Maurus, Abt, Schüler des hl. Benedikt;
- Gregor der Große;
- Die heiligen Jungfrauen und Märtyrerinnen Justina, Cäcilia, Margaretha, Aurelia, Juliana, Barbara, Agnes, die Märtyrerin Vincentia.

Epistelseite, gelesen von oben nach unten:

- Vom Mantel des hl. Josef;
- Johannes der Täufer;
- Apostel Andreas, Bartholomäus, Judas Thaddäus, Evangelist Markus, Apostel Jakobus d. Ältere, Matthäus, Matthias, der Märtyrer Timotheus;
- Laurentius, Levit und Märtyrer;
- Felicitas, Märtyrerin;
- Die Märtyrer Anicetus, Bonifatius, Gervasius, Sebastianus, Christophorus, Serapion, Januarius, Protasius, Constantius;
- Scholastika, Schwester des hl. Benedikt;
- Die Witwe Franziska Romana, die Jungfrau Klara;
- Martin, Bischof von Tour;
- Jungfrauen und Märtyrerinnen Katharina, Lucia, Agatha, Thetina, Ursula, Dorothea, Euphemia, die Märtyrerin Restituta.

5.2. Hauptfresko im Altarraum

An zahlreichen Stellen wird im Alten Testament vom noch verborgenen Messias gesprochen (Messianische Weissagungen). Es sollte der Retter und Heiland kommen. Nach göttlichem Ratschluss wird Christus den Ratschluss der Erlösung in der Selbsterniedrigung (Kenosis) vollziehen; das Kreuz weist bereits auf seinen Tod hin. Der Apostel Paulus erklärt das Geschehen in seinem Brief an die Philipper: „Er war

Abb. 5.2.1.: Fresko im Altarraum. Nh.

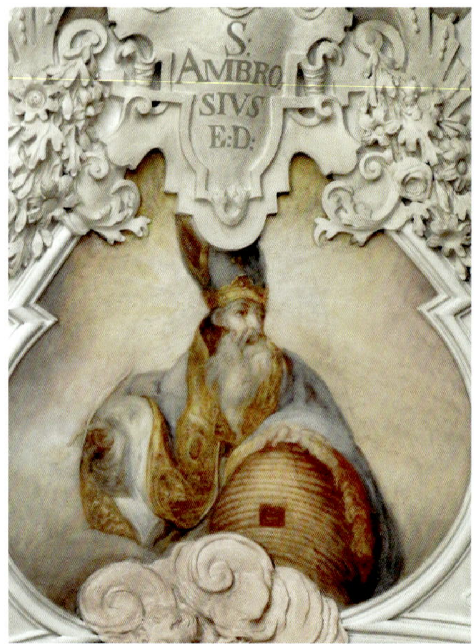

Abb. 5.3.1.: Hl. Ambrosius. Nh.

Abb. 5.3.2.: Hl. Hieronymus. Nh.

Gott gleich, hielt aber nicht daran fest, wie Gott zu sein, sondern er entäußerte sich und wurde wie ein Sklave und den Menschen gleich. Sein Leben war das eines Menschen, er erniedrigte sich und war gehorsam bis zum Tod, bis zum Tod am Kreuz“ (Phil 2,6–8).

5.3. Gewölbefresken im Altarraum

5.3.1. Vier Kirchenväter (Stichkappen)

a) Ambrosius (339–397) mit einem Bienenkorb

Das Fresko über ihm lenkt die Aufmerksamkeit auf den von ihm verfassten Hymnus *„Veni, redemptor gentium“*, ins Deutsche übersetzt bis heute ein bekanntes Advent- und Weihnachtslied: „Komm, du Heiland aller Welt; Sohn der Jungfrau, mach dich kund. Darob staune, was da lebt: Also will Gott werden Mensch“ (GL 227). Seine Lebenszeit und vor allem die 23 Jahre als Bischof von Mailand (374–397) waren beherrscht vom Bekenntnis des Konzils von Nizäa (325) zur Wesensgleichheit des

Abb. 5.3.3.: Hl. Augustinus. Nh.

Abb. 5.3.4.: Hl. Gregor der Große. Nh.

Sohnes mit dem Vater: „Gott von Gott, Licht vom Licht, wahrer Gott vom wahren Gott, gezeugt, nicht geschaffen, eines Wesens mit dem Vater, durch ihn ist alles geschaffen".

b) Hieronymus (~347–419/420) als Kardinal

Hieronymus widmete seine ganze leidenschaftliche Liebe der Heiligen Schrift und damit Christus, der Quelle seines Lebens. Er lebte auch noch 25 Jahre in dem Land, das Jesu Füße betreten hatten. Von Papst Damasus I. (366–384) wurde er zur Revision der vielen lateinischen Bibelhandschriften beauftragt. Hieronymus kannte die hebräische Grundsprache des Alten Testamentes, denn das Neue Testament konnte man nur verstehen, wenn man das Alte Testament verstand. Er entdeckte in den Propheten des Alten Bundes auf Schritt und Tritt Jesus.

c) Augustinus (354–430) mit Herz

Sermo 185,1: Wach auf, Mensch! Für dich ist Gott Mensch geworden [*Expergiscere homo: pro te deus factus est homo*]

Sermo 186,1: Bevor er Mensch wurde, war er: und weil er allmächtig war, konnte er (Mensch) werden, wobei er blieb, was er war [*Antequam fieret, erat: quia omnipotens erat, fieri potuit manens quod erat*].

Sermo 192,1: Euretwegen ging der Urheber der Zeiten (Christus) in die Zeit ein, euretwegen erschien der Begründer der Welt im Fleisch, euretwegen wurde Geschöpf der Schöpfer [*Propter vos temporalis effectus est temporum effector, propter vos in carne apparuit mundi conditor, propter vos creatus est creator*].

d) Papst Gregor I. der Große (540–604) mit der Hl.-Geist-Taube

Einer der bedeutendsten Päpste, zugleich der jüngste der vier lateinischen Kirchenväter. Er hielt seine erste Predigt als Papst über den *„adventus"*, die Ankunft des Herrn, auch über die zweite Ankunft – Wiederkunft – Jesu Christi als Richter. Seine Reformen führten die bis heute gültige Ordnung der vier Adventswochen ein, um die alttestamentliche Erwartung des Messias nachzuvollziehen und die Menschwerdung Jesu aus Maria an Weihnachten vorzubereiten.

5.3.2. Zeugen der Apokalypse (Pfeilerbilder)

Evangelienseite: Petrus Coelestinus (1215–1296), Petrus von Morone, Gründer der „Colestiner", einer strengeren benediktinischen Observanz, bestätigt 1264 von Papst Urban IV. (1261–1264); nach seiner Papstwahl als 85jähriger Greis, aber schon zu Lebzeiten als Heiliger verehrt, zog er am 15. Juli 1294 auf einem Esel in L'Aquila ein, legte jedoch die päpstliche Würde nach fünf Monaten und acht Tagen am 13. Dezember 1294 nieder. Von Papst Clemens V. (1305–1314) heiliggesprochen 1313, also mehr als 100 Jahre nach seinem Tod. Gedenktag 19. Mai, abgebildet mit einer seitwärts abgelegten päpstlichen Tiara.

In Zusammenschau mit dem Deckenfresko – Ablösung des Alten Bundes durch einen Neuen Bund im Sohn Gottes – spielt hier jene Endzeit-Vision „Erläuterung der Apokalypse" [*Expositio in Apocalypsim*] von Joachim von Fiore (1130/35–1202) herein, die von drei Zeitaltern der Geschichte handelt: Altes Testament, abgelöst vom Neuen Testament, sollte als drittes in einer starken Erwartungsbewegung ab ca. 1260 das „Zeitalter des Heiligen Geistes" anbrechen, in dem Kirche und Welt in dessen ganzem Licht erstrahlen werde. Im Zusammen-

Abb. 5.3.5.: *Hl. Papst Petrus Cölestinus mit abgelegter Tiara. Nh.*

5.3.6.: Hl. Gertrud mit flammendem Herzen. Nh.

hang mit Cölestin V., dessen Papstname – abgeleitet von *caelum*, der Himmel – die Nähe zu den höheren Mächten suggerierte, sollte mit dem „Engelspapst" dieses Zeitalter anbrechen. Cölestin war allerdings heillos überfordert und ein allseits willenloses Werkzeug. Im Blick auf Maria im zugeordneten Fresko wäre anzumerken, dass drei Tage vor seiner Abdankung, am 10. Dezember 1294 das „Haus von Nazareth" in Loreto nachweisbar wird.

Epistelseite: Gertrud (1256–1302), die größte deutsche Mystikerin aus dem Zisterzienserorden im Kloster Helfta bei Eisleben im 13. Jahrhundert, in den Händen ein flammendes Herz mit dem von einem Kreuz gekrönten Christusmonogramm IHS – abgeleitet von den ersten griechischen Großbuchstaben im Namen „Jesus", wobei das Sigma durch ein lateinisches „S" ersetzt ist. Die lateinische Deutung lautet: „**J**esus **H**ominum **S**alvator" – „Jesus, Retter der Menschen". 1678 wurde Gertrud in den katholischen Heiligenkalender aufgenommen, Gedenktag 17. November.

Am Tag vor dem Fest Mariä Verkündigung 1281 wurde ihr eine Christusbegegnung zuteil, von der sie erst nach acht Jahren zu sprechen und zu schreiben bereit war. In vielen Erscheinungen wurde ihr als Hauptthema das Geheimnis der Menschwerdung des Sohnes Gottes nahegebracht. Der göttliche Mensch Christus, der menschgewordene Gott, lässt alle Menschen teilhaben an seiner göttlichen Natur und vergöttlicht den Menschen. Sie sieht darin die Wiederherstellung des Liebesbundes zwischen Gott und Mensch. „Die freudige Bewunderung, dass Gott sich herabgelassen hat, Mensch zu werden, ist freilich allenthalben ähnlich bezeugt“[168]. In der Eucharistie erlebt sie den Auferstandenen. Sie erfährt Christus als den Erlöser in der Passion und mit geöffnetem Herzen. Ihre Visionen haben die Herz-Jesu-Verehrung des 16. Jahrhunderts maßgeblich beeinflusst. Dass Sie im Presbyterium abgebildet ist, verweist einerseits auf das Fresko über ihr – der göttliche Ratschluss zur Menschwerdung des Sohnes Gottes – anderseits auf den Tabernakel im Hochaltar mit dem eucharistischen Geheimnis[169].

5.4. Fresken an der Nordseite des Presbyteriums

Natürliches Licht kann aus der anliegenden Abtkapelle „St. Johannes Evangelist“ und den ihr anliegenden zwei Oratorien von der Nordseite her nicht einfallen. Die Stuckfelder skizzieren jedoch oberhalb der Rahmen die beiden gegenüberliegenden Südfenster. Anstelle des Tageslichtes finden wir in himmlischer Verherrlichung die beiden Lichtgestalten Benedikt und Scholastika, umrahmt von zahlreichen Engeln. Mit ihrer Himmelsglorie und der Verbannung Luzifers im Engelsturz (Hochaltarbild) wird hier typisch barock die Dialektik von Auf- und Abstieg vermittelt.

5.4.1. Hl. Benedikt

Benedikt kniet in faltenreicher benediktinischer Kukulle, dem Festgewand der Mönche, mit offenen Armen auf einer Wolke. Die Thematik des Bildes ist sehr reichhaltig:

168 Dinzelbacher 1993, 223.
169 LThK 4, 1995, 538. – Directorium Spirituale 2011, 11, 25–26.

Abb. 5.4.1.: Hl. Benedikt. Nh.

- Abtstab und Mitra zeigen ihn in barocker Manier mit den Pontifikalrechten ausgestattet.
- Ein Engel hält die aufgeschlagene Klosterregel Benedikts mit den Anfangsworten bereit: „Ausculta o Fili! Praecepta Magistri" [Höre mein Sohn auf die Lehren deines Meisters].
- Die hellen Lichtstrahlen, wie eine Sonne gebündelt über seinem Haupt, beziehen sich auf jene „Kosmische Vision" vor dem Heimgang Benedikts. „Während er mitten in dunkler Nacht hinausschaute, sah er plötzlich ein Licht, das sich von oben her ergoss und alle Finsternis der Nacht vertrieb. Es wurde so hell, dass dieses Licht, das in der Finsternis aufstrahlte, die Helligkeit des Tages übertraf. Etwas ganz Wunderbares ereignete sich in dieser Schau, wie er später selbst erzählte: Die ganze Welt wurde ihm vor Augen geführt, wie in einem einzigen Sonnenstrahl gesammelt"[170].
- Die Begebenheit erfährt eine Fortsetzung: Eine Kugel schwebt über dem hl. Benedikt. „Während der ehrwürdige Vater den Blick unverwandt auf den strahlenden Glanz dieses Lichtes gerichtet hielt, sah er, wie Engel die Seele des Bischofs Germanus von Capua in einer feurigen Kugel zum Himmel trugen"[171]. Benedikt ließ noch in dieser Nacht einen Boten nach Capua senden, der den Heimgang des Bischofs zur gleichen Zeit der Vision bestätigt fand.
- Ein kleiner Engel mit einem Becher in Händen, aus dem eine Schlange züngelt, erinnert an das Scheitern Benedikts in Vicovaro. Die Mönche suchten nach einer Gelegenheit, Benedikt umzubringen und mischten Gift in seinen Wein. Benedikt segnete in weiser Voraussicht den Wein, worauf das Gefäß zerbrach. Das bedeutete für ihn die Rückkehr in die Einsamkeit[172].
- In der rechten unteren Ecke erkennt man den Petersdom. Benedikt wurde in Rom ausgebildet, war aber von der dortigen Lebensart nicht angetan[173]. Mehr noch bezieht sich diese Abbildung auf eine Unterredung des Bischofs Sabinus von Canusium [heute: Canosa] mit Benedikt. Sabinus befürchtete die Zerstörung Roms durch Totila, doch der „Mann Gottes" erwiderte ihm: „Nein, nicht von fremden Völkern wird Rom zerstört werden. Es wird von Unwetter und

170 Dialoge 35, 2.3. – Puzicha 374, 383.
171 Dialoge 35, 3. – Puzicha 385–387.
172 Dialoge 23, 1–14. – Puzicha 148–155.
173 Dialoge 2, Prolog 1. – Puzicha 105–112.

Abb. 5.4.2.: Himmelfahrt der Hl. Scholastika. Nh.

Blitzschlag, von Stürmen und Erdbeben heimgesucht werden und in sich zerfallen"[174].

5.4.2. Hl. Scholastika

Engel mit Spruchband:

> „*Surge, propera, amica mea, columba mea, formosa mea et veni*" [Erhebe dich, eile meine Freundin, meine Taube, meine Schöne, und komm!]

Engel mit Weihrauchschale. Zwei Engel stützen die Heilige. Vorausgegangen ist der Besuch ihres Bruders Benedikt von Nursia, den sie nur durch eine fromme List – ein heftiges Gewitter und ein Platz-

174 Dialoge 2, 3. – Puzicha 255–257.

Abb. 5.5.1.: Detail der Stuckausschmückung des Chorbaldachins. Nh.

regen auf ihr Gebet hin – von der Heimkehr nach Montecassino zurückhalten konnte, so dass sie erst am nächsten Morgen voneinander Abschied nahmen. Drei Tage später starb Scholastika und Benedikt sah zum Zeitpunkt ihres Todes ihre Seele in der Gestalt einer Taube in den Himmel entschweben[175].

5.5. Chorbaldachine und Bildszenen

Die Inschriften der beiden Schriftkartuschen haben alle Renovierungen überstanden, sie beziehen sich nach wie vor auf die sog. Mettener Karlstradition. Das Uttograb stand zur Zeit der barocken Ausschmückung bereits auf der Evangelienseite, daher ist in diesem Fall die zeitliche Einordnung gegenüber der Epistelseite umgekehrt.

Die künstlerische Ausgestaltung der Baldachine mit Stuck und Vergoldung lässt sich für die Zeit des Abtes Adalbert Tobiaschu (1752–1770) im Rahmen des 1755 fertiggestellten Festsaales mit Stuck von Matthias Obermayer (1719–1799) vermuten.

5.5.1. Abtweihe des sel. Utto

> „S. UTTO AB ADALWINO EPO RATISB ABBAS. I METTENAE BENEDICITUR ANNO 792".

175 Dialoge 34, 1–2. – Puzicha 369–371..

Abb. 5.5.2.: Schriftkartusche zur Abtweihe des seligen Utto, Epistelseite. Nh.

Abb. 5.5.3.: Schriftkartusche zum ehemaligen Uttograb, Evangelienseite. Nh.

Abb. 5.5.4.: Abtweihe des sel. Utto durch Bischof Adalwin von Regensburg. Nh.

Abb. 5.5.5.: Das Bild von 1884 erinnert an Karl d. Großen, wie er die Gründung Uttos bestätigt. Nh.

Abb. 5.6.1.: Kanzel. Kr.

Das Bild darunter stilisiert in barocker Manier die Abtweihe des seligen Utto 792 durch Bischof Adalwin von Regensburg, übertragen auf ein Portrait des Abtes Roman Märkl (1706–1729) im Beisein des Konventes[176].

5.5.2. Tod des sel. Utto / Bestätigung durch Karl den Großen

„S. UTTO I. ABBAS MONAST METTEN CLARUS MIRACULIS OBIIT. 3. OCT, ANNO 829".

Ein ursprüngliches Bild zeigte der Inschrift entsprechend den „Tod des Seligen Utto" [trad. 829] im Zusammenhang mit dem darunter aufgestellten steinernen Uttograb[177], das 1884 von dieser Stelle entfernt wurde. Das jetzige Bild ist ein Werk des Klostermalers Frater Lukas Strake (1854–1911) und wiederholt die Bestätigung Uttos als Abt durch den Kaiser mit Übergabe des „Utto-Stabes", einer Gründungsurkunde und Reliquien.

5.6. Kanzel

Platziert am ersten Pfeiler der Evangelienseite, mit Galeriezugang aus der Klausur über die Johannes- oder Abtkapelle. Wir dürfen davon ausgehen, dass eine Kanzel an diese Stelle bereits seit <1646 gesetzt wurde, nachdem der Lettner beseitigt worden war.

Abb. 5.6.2.: Ehemalige Rückwand, Herz-Jesu-Bild. Nh.

Der Aufhebungskommissär von 1803 verrät uns in seinem Inventarverzeichnis, die Rückwand sei mit einem Bild des Völkerapostels Paulus versehen[178]. Dieses Bild hat zwar die Klostersäkularisation überlebt, aber nicht das 19. Jahrhundert: Das

176 Kaufmann, Chronik 2016, 306.
177 Kaufmann, Chronik 2016, 32 mit Abbildung.
178 BayHStA KL 336,4.

Abb. 5.6.3.: Schalldeckel der Kanzel. Nh.

Paulusbild wurde – ähnlich wie die Auszugsbilder über Kreuz- und Marienaltar – unwiederbringlich durch ein Herz-Jesu-Bild ersetzt, das wiederum im 20. Jahrhundert als stilfremd entfernt und gegen eine schwarz marmorierte Tafel ausgetauscht wurde.

5.6.1. *Schalldeckel*

Auf einem eigenen Podest präsentieren Engel die Heilige Schrift, hier zitiert aus dem sog. Johanneischen Streitgespräch. Die Gegner Jesu können nicht hören, weil sie nicht aus Gott stammen. Inschrift, auf zwei Buchseiten verteilt:

Abb. 5.6.4.-5.6.7.: Evangelisten am Kanzelkorb: Matthäus (oben links), Markus (oben rechts), Lukas (unten links), Johannes (unten rechts). Kr.

Links: QUI EX – DEO EST – VERBA
Rechts: DEI AU – DIT Joannis C.8.V.47.
[Wer aus Gott ist, hört auf Gottes Wort]

Vier mit Lorbeer bekränzte Engelshäupter säumen den Schalldeckel, der von jeher der verbesserten akustischen Funktion des „Predigtstuhles" dient. An der Unterseite schwebt über dem jeweiligen Prediger zu dessen Legitimation der Heilige Geist in Gestalt einer Taube.

5.6.2. *Kanzelkorb*

Kanzelkorb und unmittelbarer Zugang sind aufgeteilt auf sechs Relieffelder. Beginnend von links in der regulären Reihenfolge Matthäus, Markus, Lukas, Johannes mit ihren Attributen Engel, Löwe, Stier und Adler.

Abb. 5.6.8.: Kirchenväter Gregor und Ambrosius. Kr.

Abb. 5.6.9.: Kirchenväter Augustinus und Hieronymus. Kr.

Vom Kirchenschiff aus nicht sichtbar und daher weniger beachtet sind auf je einem Relief jeweils zwei der Kirchenväter kombiniert: Gregor und Ambrosius; Augustinus und Hieronymus.

Mit den liturgischen Änderungen nach dem Zweiten Vatikanischen Konzil wurde die Kanzel weitgehend funktionslos. Der letzte Kanzelprediger war P. Corbinian Plaschczek (1926–2008) zumindest bei Gelegenheit seiner umfassenden Silvesterpredigten als Pfarrer von Metten (1957–1982).

6. Seitenaltäre mit Chorschranken

Es empfiehlt sich, die Seitenaltäre nicht nacheinander zu betrachten, sondern jeweils im „Gegenüber", darin entdecken wir die traditionelle Vorrangstellung der Evangelienseite zur Epistelseite, auch in den Gewölbefresken der Beichtnischen. Die Gegenüberstellung der Seitenaltäre bietet eine Betrachtung der Nachfolge Christi:

Erlösung: Jesus am Kreuz – Maria, Mutter der Kirche
Martyrium: Stephanus, der heilige Diakon –
Sebastian, der heilige Soldat
Bekenntnis: Apostel Petrus – Ordensvater Benedikt
Beichte und Vergebung der Sünden: Jesus, Maria, Josef –
Johannes d. Täufer

6.1. Kreuzaltar

a) Altarbild „Christus am Kreuz" von Martin Speer

„Die Darstellung des am Kreuz sterbenden Christus ist ganz auf den Kontrast von Hell und Dunkel aufgebaut. Vor einem nächtlichen, verdunkelten Hintergrund wird uns der Gekreuzigte ganz nah und licht und in völliger Einsamkeit gezeigt. Das Kreuz mit dem fahlen Körper nimmt die Mittelachse des Bildes auf. Links im unteren Viertel des Gemäldes lässt sich schemenhaft die weit entfernte Stadtarchitektur von Jerusalem ausmachen, rechts unten ist Buschwerk angedeutet. Den übrigen Hintergrund bilden dunkelgraue bis schwarze Wolken, durch die von links oben ein heller Lichtschein bricht, der die Gestalt des noch Duldenden bestrahlt. Das Kreuz ist in leichter Schrägstellung gegeben, der Körper in leichter Rechtsdrehung. Das Haupt Christi ist nach rechts oben erhoben. Seine brechenden Augen blicken in Richtung auf den wolkendurchdringenden Lichtschein. Der Mund ist leicht geöffnet. Die Arme sind symmetrisch, beinahe vertikal nach oben gestreckt. Der ganze Körper ist so gespannt, dass sich der Brustkorb vorwölbt. Die Beine sind parallel nebeneinander geführt. Erst an den Knöcheln kreuzen sie sich und der rechte Fuß ist über den linken genagelt. Das grauweiße Lendentuch,

Abb. 6.1.1.: Kreuzaltar.

das den Körper umfängt, lässt die rechte Hüfte frei und wird dort von einer gedrehten Stoffbahn gehalten. Der wohlgestaltete Körper ist muskulös und kraftvoll dargestellt und zeigt keinerlei Anzeichen von physischem Leiden oder Not"[179]. Des Weiteren wird durch die Art von Komposition und Gestaltungsprinzipien dieser *crocifisso vivo* [Lebender Gekreuzigter, sterbender Heiland] in der Tradition des von Peter Paul Rubens geprägten Bildtypus des „einsamen Gekreuzigten" gesehen[180]. Meidingers Aufzeichnungen von 1790 erwähnt für Metten noch ein zweites Kreuzbild *crocifisso morto* [am Kreuz verstorbener Heiland] über der Chororgel an der Stirnwand des Mönchschores (Rückwand des Hochaltares), das nicht mehr vorhanden ist[181].

b) Kaiser Heraklius (575–641)

Der byzantinische Kaiser Heraklius holte 614 bei der Eroberung Jerusalems das von den Persern nach Ktesiphon verschleppte Kreuz Jesu am 3. Mai 630 nach Golgotha zurück und übergab es dem Patriarchen Zacharias. Die „Legenda aurea" des Jacobus de Voragine berichtet: „Da er nun über den Ölberg herabkam und auf seinem Rosse in kaiserlicher Zier durch das Tor zu Jerusalem wollte einreiten, dadurch der Herr zu seinem Leiden war gezogen, da fielen plötzlich die Steine des Tores herab und schlossen sich aneinander als ob es vermauert wäre. Und über dem Tore erschien ihnen der Engel des Herrn, daß sie alle erschraken, und hielt das Zeichen des Kreuzes in seinen Händen und sprach: ‚Da der König aller Himmel zu seinem Leiden durch diese Pforte zog,

179 Hackel 1982, 78–79.

180 Hackel 1982, 79.

181 Meidinger 1790, 123. – Fink, Klosterkirche 1920, 27, erwähnt noch einen vorhandenen Kopfausschnitt dieses Bildes, das vermutlich bis 1910 – Aufstellung eines Choraltares – an Ort und Stelle war. – „Leider ist die Suche nach diesem ‚Kopfausschnitt' ohne Erfolg geblieben, so daß das Gemälde des toten ‚Christus am Kreuz' als verschollen gelten muß." Hackel 1982, 194. – Allerdings geben die Aufhebungsakten von 1803 doch noch nähere Anhaltspunkte über Größe und Zustand: „1 groß in der Höhe und Breitte 11 Schuhe haltendes Altarblatt, die Kreuzigung Christi darstellend, mit einer geschnitten und vergoldeten Ram"…"ist noch vorhanden und kann wegen der Größe nicht verkauft werden". Auch über das Auszugsbild darüber erhalten wir einen Hinweis: „Darüber hing ein Bild, die ‚Urständ Christi' vorstellend." BayHStA KL fasc. 336, Inventarium 1803, Seite 51a.

Abb. 6.1.2. (links): Kaiser Heraklius mit Krone und Schwert. Nh.

Abb.6.1.3. (rechts): Kaiserin Helena mit Kreuz. Nh.

da ritt er demütig auf einem Esel ein und nicht in königlicher Pracht; damit hat er ein Beispiel der Demütigkeit gelassen denen, die ihn anbeten'. Mit diesen Worten verschwand der Engel. Da weinte der Kaiser bitterlich und zog sich selbst seine Schuhe aus, legte all sein Gewand ab bis auf das Hemd, nahm das Kreuz des Herrn und trug es demütig bis an das Tor. Und siehe, die harten Steine vernahmen das Gebot des Herrn, und das Gemäuer hub sich wieder auf an seine Statt, und war ein offen Eingang allen Menschen"[182]. Im liturgischen Kalender wurden „Auffindung" (urspr. 14. September) und „Erhöhung" (urspr. 3. Mai) gewechselt, bis bei der Kalenderreform nach dem 2. Vatikanum nur der 14. September als „Kreuzerhöhung" verblieb.

b) Hl. Kaiserin Helena (~255–329)

Helena war Gemahlin („Geliebte") des Kaisers Constantius Chlorus, zum Christentum gelangte sie durch ihren Sohn, den Kaiser Konstantin. Im Beisein ihres Sohnes ist sie 329, sieben Jahre vor ihrem Sohn, auch gestorben. Als fromme Mutter des ersten christlichen Kaisers

182 Benz 1979, 700.

Abb. 6.1.4.: Giebelrelief mit Kaiser Konstantin. Nh.

ist sie den Heiligen Frauen hinzugefügt worden. Gegen Kirchen und Notleidende erwies sie sich als sehr wohltätig. Ihr Leben reiht sich ein in die Zeit des Wandels für das Christentum von der Verfolgung zur Anerkennung. Mit Konstantin erbaute sie die römische Kirche *„Santa Croce in Gerusalemme"* [Heiliges Kreuz in Jerusalem], der Tradition nach die Heilig-Kreuz-Kirche in Jerusalem, die Apostelkirche in Konstantinopel, die Geburtskirche in Betlehem, die Kirche auf dem Ölberg. Ambrosius von Mailand (339–397) erwähnt in seiner 395 gehaltenen Trauerrede für Kaiser Theodosius (347–395) die Rolle Helenas bei der Auffindung des Kreuzes Jesu (vgl. Gewölbefresko), deshalb hält sie ein Kreuz in der Hand. Ein Grabmal befindet sich in der Kirche *„Santa Maria in Aracoeli"* in Rom.

c) Giebelrelief

Ein Engel mit einem Kreuz in der rechten Hand erscheint Kaiser Konstantin in einem Traum vor der Schlacht bei der Milvischen Brücke 312

Abb. 6.1.5.: Auszugsbild von 1847 mit hl. Bernhard von Clairvaux und hl. Franziskus von Assisi. Nh.

gegen Maxentius, er vernimmt die Ankündigung: *„In hoc signo vincis"* [In diesem Zeichen wirst du siegen]. Konstantin ließ diese Worte auf den Schilden seiner Soldaten anbringen und siegte. Als Dank dafür gelobte er, in Jerusalem auf dem Hügel Golgotha eine Kirche zu errichten und schaffte im Römischen Reich die Kreuzigung als Todesstrafe ab. Von jetzt an kann sich das Christentum frei entfalten und darf sich nach der Verborgenheit in den Katakomben und den bitteren Verfolgungen frei entfalten, bis es schließlich unter Kaiser Theodosius 391 zur Staatsreligion wurde.

d) Auszugsbild

Ehemals „Abraham opfert seinen Sohn Isaak, wird aber zuletzt von einem Engel daran gehindert" (Gen 22,1-19) … infolge der Veränderungen von 1847 neues Bild von Lukas Schraudolph: hl. Bernhard in weißer Zisterzienserkukulle, Kreuz und Leidenswerkzeugen, daneben hl. Franz von Assisi mit den Wundmalen Jesu.

e) Gewölbefresko

Das Gewölbefresko erinnert nochmals ausdrücklich an den allerersten Ursprung für die Verehrung des Kreuzes Jesu, initiiert von Helena, hernach gefördert von Konstantin und gerettet von Heraklius. Auf dem Golgotha-Hügel wurde ein heidnischer Tempel abgerissen, da

Abb. 6.1.6.: Gewölbefresko mit der Kreuzauffindung. Nh.

fand man die Reste von drei Kreuzen, dazu die Inschrift „Jesus von Nazareth, König der Juden" und einige Nägel. Bischof Makarius von Jerusalem ließ eine schwer kranke Frau auf die drei Kreuze legen. Als sie in Berührung mit dem dritten Kreuz kam, wurde sie gesund. Man vertraute darauf, das authentische Kreuz Jesu erkannt zu haben, also ließ Helena 320 an dieser Stätte eine Basilika errichten. Das Ereignis wurde als Fest „Kreuzauffindung" [Inventio Crucis] ursprünglich am 14. September, dann am 3. Mai gefeiert.

6.2. Marienaltar

a) Altarbild

Obwohl nicht signiert, wird dieses Bild Cosmas Damian Asam zugeschrieben und wird wohl mit der Gründung der Rosenkranzbruderschaft 1725/26 zusammenhängen[183]. Diese Bruderschaften wurden im 15. Jahrhundert von den Dominikanern gestiftet. Generell wird

183 Kaufmann, Chronik 2016, 332–333.

Abb. 6.2.1.: Altarbild Unsere Liebe Frau vom Rosenkranz. Nh.

die Szene als „Rosenkranzspende an den hl. Dominikus" betitelt, was nicht das ganze Geschehen erfasst, denn der Rosenkranz bezieht sich auf alle dargestellten Personen:

Maria mit dem „Kranz von zwölf Sternen auf dem Haupt" (Offb 12,1) hält in der rechten Hand die Heilige Schrift, darin ist ein Rosenkranz eingelegt. Die Gottesmutter weist darauf hin, dass mit ihr zusammen das Rosenkranzgebet eine biblische Betrachtung des Lebens Jesu ist.

Maria legt ihre linke Hand auf die hl. Katharina von Siena (1347–1380), ab 1363 Mitglied im Dritten Orden des hl. Dominikus. Die Heilige trägt eine Dornenkrone und zwei Lilien (Attribute der hl. Katharina). Das Jesuskind greift nach einer der Lilien. Katharina hält in den Armen rote Rosen, wohl auf die schmerzhaften Geheimnisse verweisend. Von ihrem Unterarm hängt ein Rosenkranz.

Das Jesuskind – und nicht Maria – überreicht einen Rosenkranz an den heiligen Ordensgründer Dominikus (1170–1221), erkennbar am Stern über der Stirn. Die legendäre Erzählung lenkt – bei aller verdienstvollen Wertschätzung des Dominikanerordens für die Verbreitung des Rosenkranzgebetes – der hagiographischen Forschung nach von dem Kartäusermönch „Dominikus von Preußen" (~ 1384–1460) von St. Alban in Trier ab, der als Schöpfer der heutigen Rosenkranzform gilt, ehedem „Laienpsalter" genannt[184].

Ein ziemlich zentral positionierter, jugendlicher Engel (wohl Gabriel) hält in seinem Schoß Rosen als Symbole für die traditionellen Rosenkranzgeheimnisse bereit: weiße für den freudenreichen, rote für den schmerzhaften, gelbe für den glorreichen Rosenkranz. Zugleich zeigt der Engel auf einen Rosenkranz mit Medaillon und Totenkopf und scheint ihn der Frau am rechten Rand des Bildes zu empfehlen, die sich offenbar um ihren Ehegemahl in Todesgefahr ängstigt.

Dieser hat, auf dem Sterbebett liegend, einen Rosenkranz um den Hals gelegt, hält das Kreuz in der linken und reicht das gefaltete Bruderschafts-Skapulier mit der rechten Hand nach oben, womit er auf den Stiftungszweck der Rosenkranzbruderschaft um heilsamen Trost und eine gute Sterbestunde verweist.

184 Vgl. dazu auch Beinert / Petri, Marienkunde 1984, 381–383.

Abb. 6.2.2. (links): Joachim, der Vater Marias. Nh.

Abb. 6.2.3. (rechts): Heilige Mutter Anna. Nh.

b) Hl. Joachim (links)

Joachim und Anna sind im Protoevangelium des Jakobus überliefert (nicht im Kanon der Hl. Schriften). Joachim ist als alter Mann dargestellt mit Tauben (Opfergaben für den Tempel) auf dem rechten Arm. Das spielt an auf den „Tempelgang Mariens" (Mariä Opferung).

c) Hl. Mutter Anna (rechts)

Maria, die Mutter Jesu, wurde auf ihre Gottes-Mutterschaft vorbereitet: Was mit Sünde und Erbsünde zu tun hatte, traf auf sie nicht zu: Anna, die Mutter Marias, hat ihre Tochter ohne Erbsünde empfangen, daher der Titel für das Fest am 8. Dezember: Hochfest der ohne Erbsünde empfangenen Jungfrau und Gottesmutter Maria. Bischof Anselm von Canterbury (~ 1033–1109), bekannt durch seine zahlreichen theologischen Abhandlungen über Maria, hat es in seiner Diözese eingeführt. 1476 hat der Franziskanerpapst Sixtus IV. dieses Fest für die römisch-katholische Kirche übernommen, die Ostkirche kannte es schon seit dem 10. Jahrhundert. Diese seit vielen Jahrhunderten geglaubte Wahrheit wurde mit dem Dogma von der Unbefleckten Empfängnis durch Papst Pius IX. am 8. Dezember 1854 ausdrücklich bestätigt. Ob-

Abb. 6.2.4.: Stuckrelief „Mariä Verkündigung". Nh.

wohl als marianisches Dogma verkündet, führt das Fest inhaltlich zum Glauben an die Gottheit Jesu.

d) Giebelrelief

Mariä Verkündigung, bezeichnet jenen Moment, in dem durch die Botschaft des Engels Gabriel – der „Englische Gruß" – Jesus Christus im Schoß seiner Mutter Maria vom Heiligen Geist empfangen wurde und somit Maria ihm als Gottesgebärerin das irdische Leben schenkt. Das Ereignis ist biblisch belegt (Lk 1,26-38). Das kirchliche Fest dazu wurde ehedem „Mariä Verkündigung" genannt, bis es in „Verkündigung des Herrn" umbenannt wurde. Von beiden Perspektiven ausgehend, verkündet die Kirche von jeher die Naturen Jesu Christi: Er ist vom Heiligen Geist im Schoß Mariens empfangen und somit wahrer Gott und wahrer Mensch zugleich: „wahr Mensch und wahrer Gott", zwei Naturen in einer Person. Nur darin ist die Voraussetzung geschaffen, dass er uns Menschen mit Gott versöhnen konnte. Das Festdatum 25. März ist abgeleitet vom Geburtsfest Jesu (Weihnachten) neun Monate später.

Abb. 6.2.5.: Gertrud und Mechthild (19. Jh.). Nh.

e) Auszugsbild

Infolge der Veränderungen von 1847 ersetzte ein neues Bild von Lukas Schraudolph, die Benediktiner-Mystikerinnen hl. Gertrud von Helfta (mit Herz und IHS-Monogramm) und hl. Mechthild von Hackeborn (mit Taube) darstellend, das barocke Original. Über den beiden heiligen Frauen ein Marienmonogramm, dazu drei Engelköpfe als Symbol für die göttliche Dreieinigkeit. Als ursprüngliches Auszugsbild wäre wie beim gegenüberliegenden Kreuzaltar, ehemals „Jakob und Isaak", auch hier eine alttestamentliche Szene, z.B. „Adam und Eva" – von EVA zum AVE – denkbar. Das würde die Betrachtungslinie zum darunterliegenden Verkündigungsrelief herstellen. Die Beseitigung des vermuteten Originals könnte der Abscheu vor der Nacktheit im 19. Jahrhundert durchaus entsprechen.

f) Gewölbefresko

Die Mutter Jesu mit Strahlenkranz, auf einer Wolke schwebend, von Engeln umgeben. Die gesamte Ausschmückung des Freskos erinnert an einige Passagen der Lauretanischen Litanei:

Zepter in der rechten Hand: „Du Königin des Himmels";

Hl. Geist in Gestalt einer Taube, dessen Strahlen auf Maria gerichtet, erinnert nochmals an Mariä Empfängnis und Verkündigung: „Du Kelch des Geistes";

Abb. 6.2.6.: Gewölbefresko zu Mariä Himmelfahrt. Nh.

Die Engelschar: „Du Königin der Engel";

Grüner Lorbeerkranz, von einem Engel gereicht: „Du Königin der Märtyrer".

Die leibliche Aufnahme Mariens in den Himmel wird seit dem 12. Jahrhundert gefeiert, 1950 von Papst Pius XII. (1939–1958) ausdrücklich als Dogma im katholischen Glaubensgut bestätigt.

6.3. Stephanusaltar

Altar <1847 beseitigt, ersetzt durch eine neugotische Anlage mit neuem Tabernakel , <1944 vereinfacht, <1968 ganz entfernt. Das Altarbild kam im Zuge der Renovierung in den Jahren 1944 bis 1946 wieder an seinen angestammten Platz.

Der ursprüngliche Tabernakel befindet sich in der Leonhardkirche in Buchberg, Pfarrei Neuhausen.

Abb. 6.3.1.: Martyrium des hl. Stephanus. Nh.

a) *Altarbild*

Hl. Stephanus, Steinigung des Stephanus, von Martin Speer.

> „Als sie dies [seine Verteidigungsrede] vernahmen, ergrimmten sie in ihrem Herzen und knirschten mit den Zähnen gegen ihn. Er aber blickte voll des Heiligen Geistes unverwandt zum Himmel auf, sah die Herrlichkeit Gottes und Jesus zur Rechten Gottes stehen und rief aus: ‚Seht, ich schaue den Himmel offen und den Menschensohn zur Rechten Gottes stehen'. Da erhoben sie ein lautes Geschrei, hielten sich die Ohren zu und stürmten alle wie ein Mann auf ihn los. Sie stießen ihn zur Stadt hinaus und steinigten ihn. Die Zeugen legten ihre Kleider zu den Füßen eines jungen Mannes nieder, der Saulus hieß. So steinigten sie Stephanus, der betete: ‚Herr Jesus, nimm meinen Geist auf!'. Er sank in die Knie und rief mit lauter Stimme: ‚Herr, rechne ihnen diese Sünde nicht an!'. Mit diesen Worten entschlief er" (Apg 7,54-60).

„Die Komposition dieses Gemäldes zeigt Gemeinsamkeiten mit dem Gegenstück am gegenüberliegenden Sebastians-Altar. In Sebastians ähnlicher Körperhaltung, halb kniend, halb hockend und mit ausgebreiteten Armen, nimmt der Hl. Stephanus die zentrale Position im Gemälde ein und wird durch einen bühnenartigen Felsabsatz von den anderen Figuren abgehoben. Wie Sebastian blickt Stephanus nach rechts oben auf die Erscheinung der Engelsglorie, wo ihm Märtyrerpalme und Ruhmeskranz entgegengehalten werden. Wie im Sebastianbild steht rechts unten, im Vordergrund die ganze Rückenfigur eines Peinigers, der gerade einen Schritt auf den Heiligen zugeht, um einen Stein auf ihn zu schleudern"[185]. Stephanus trägt das liturgische Gewand eines Diakons: weiße Albe und rote Dalmatik.

b) *Gewölbefresko*

Streitgespräch des hl. Stephanus über das mosaische Gesetz, der Konflikt mit dem herkömmlichen, traditionellen Judentum.

---

185 Hackel 1982, 74–75. Bemerkenswert die Feststellung, dass dieses Altarbild in Haltung, Pose und Figur eine seitenverkehrte Übernahme des hl. Cyriakus im Hochaltar von Gramschatz (1742/43) darstellt.

Abb. 6.3.2.: Gewölbefresko – Stephanus verteidigt den Glauben. Nh.

„Stephanus, voll Gnade und Kraft, wirkte große Wunder und Zeichen unter dem Volk. Da erhoben sich einige von der sogenannten Synagoge der Libertiner und Cyrenäer [das etablierte Judentum] der Alexandriner [das hellenistische Judentum] und derer aus Zilizien und Asien und stritten mit Stephanus. Aber sie vermochten nicht standzuhalten der Weisheit und dem Geist, mit dem er sprach. Da stifteten sie Männer an, die aussagen mussten: ‚Wir haben ihn Lästerworte gegen Moses und gegen Gott ausstoßen hören'. So wiegelten sie das Volk, die Ältesten und die Schriftgelehrten auf. Dann überfielen sie ihn und schleppten ihn gewaltsam vor den Hohen Rat. Dort stellen sie falsche Zeugen auf, die aussagten: ‚Dieser Mensch hört nicht Auf; Reden gegen die heilige Stätte zu halten. So haben wir ihn sagen hören: ‚Jesus von Nazareth wird diese Stätte zerstören und die Satzungen abändern, die Moses uns überliefert hat'. Alle, die im Hohen Rat saßen, richteten ihren Blick auf ihn, und sein Antlitz schien ihnen wir das eines Engels." (Apg 6,8–15). Es folgt die Verteidigungsrede des Stephanus (Apg 7,1–53).

6.4. Sebastiansaltar

<1847 beseitigt, neugotisch ersetzt, <1944 Neugotik vereinfacht, <1968 ganz entfernt. Altarbild seit der Renovierung 1944–1946 wieder am alten Platz.

a) Altarbild

Hl. Sebastian, mit Signatur von Martin Speer unterhalb der Bildmitte, auf dem steilen Felsabbruch, unter dem Heiligen: „M. Speer inv: pinxit A 1745".

Als Soldat im Gefolge der Kaiser Diokletian (284–305) und Maximian (286–305) wurde Sebastian als Christ entlarvt. „Da gebot Diocletianus, daß man ihn mitten auf dem Feld an einen Pfahl binde, und sollten die Kriegsknechte auf ihn mit Pfeilen schießen. Da schossen sie so viele Pfeile auf ihn, daß er stund gleich einem Igel. Und gingen darnach von ihm und wähnten, er wäre tot"[186]. Sebastian nimmt die Mitte des Bildes auf einer Felsterrasse ein, er wird – bei den Armen an einen Baum gefesselt – von Pfeilen beschossen. Traditionell wird Sebastian jugendlich und weitgehend nackt dargestellt, bereits ohne Soldatenuniform, mit einem reich wallenden weißen Tuch umgeben und notbekleidet[187]. Die kaiserliche Fahne mit der Aufschrift „SPQR" verrät, in wessen Auftrag die auffallend dunkelhäutigen „numidischen" Bogenschützen ans Werk gehen; der mittlere Schütze scheint am Boden eine Armbrust zu laden. Sebastian blickt zu dem Engel links oben, der ihm Ruhmeskranz und Märtyrerpalme entgegenhält und er öffnet die Hände dafür.

186 Benz, Legenda aurea 1979, 131.

187 Es handelt sich offenbar um keine originale Speer'sche Figurenfindung. Ein Gemälde von José Ribera (1591–1625), dem spanischen Hofmaler von Neapel für die Stiftskirche des Herzogs von Osuna, gleicht „in Haltung und Pose dem hl. Sebastian von Speer. Die auf den ersten Blick auffallende Ähnlichkeit der beiden Figuren läßt auf eine mögliche direkte oder indirekte Beeinflussung durch Riberas Gemälde schließen, zumal Speers Aufenthalt in Neapel durch mehrere Werke nach Solimena gesichert ist und Riberas Einfluß über seine Schüler Lucca Giordano bis zu dessen Schüler Francesco Solimena wirksam war". Hackel 1982, 72.

Abb. 6.4.1.: Sebastiansaltar – Martyrium des hl. Sebastian. Nh.

Abb. 6.4.2.: Gewölbefresko – Sebastian ermutigt zum Bekenntnis. Nh.

Sebastian überlebte die grausamen Marterpfeile und wurde von der frommen Witwe Irene gepflegt, deren Ehemann Castulus beinahe zeitgleich den Märtyrertod erlitten hatte. Vielleicht darf man an sie bei den zwei Gestalten am rechten Bildrand denken, indem Castulus mit einer Christusstatue zum treuen Bekenntnis ermutigt.

b) Gewölbefresko

Bis <1968 nach nazarenischer Art übermalt mit dem Thema „Christus als Wundertäter"[188]. Das barocke Fresko „Sebastian bestärkt zwei Brüder im Bekenntnis des Glaubens" wurde 1968 wieder freigelegt. Die „Legenda aurea"[189] erzählt dazu: Die Zwillingsbrüder Marcellianus und Marcus (ehemals Gedenktag 18. Juni im Allgemeinen Römischen Kalender, 1969 entfernt) sollten in der Diokletianischen Christenver-

188 Fink, Klosterkirche 1920, 55.
189 Benz, Legenda aurea 1979, 127–131.

Abb. 6.5.1.: Petrusaltar mit Schlüsselübergabe. Nh.

folgung enthauptet werden und Sebastian ermutigt sie, im Glauben standhaft zu bleiben. Er stellt sich abwehrend vor ein Torso-Standbild der heidnischen Hirtengottheit Pan mit Flöte (dem Betrachter den Rücken kehrend) und zeigt mit der rechten Hand nach oben. So verweist er darauf, dass der Wert des ewigen Lebens den des irdischen bei weitem übertrifft. Während einer kurzen Freilassung wurden die Brüder von Papst Cajus (282/283–295/296) zu Diakonen geweiht, bis beide erneut verraten, festgenommen und mit eisernen Nägeln an einen Pfahl geheftet und schließlich mit Lanzenstichen getötet wurden. In diesem Martyrium erscheint die Todesart des hl. Sebastian vorgezeichnet. Ihre Reliquien werden in der römischen Kirche St. Cosmas und Damian aufbewahrt.

Ein Granit-Opferstock erinnert an die vom Kloster <1619 gegründete und <1868 von der Pfarrei erneuerte Sebastiani-Bruderschaft.

6.5. Petrusaltar

a) Altarbild

Schlüsselübergabe und Hirtenauftrag an den Apostel Petrus durch Jesus, von Martin Speer.

<1847 wanderte dieses Bild in den Kreuzgang, ausgetauscht gegen ein Gemälde von Lukas Schraudolph „Tod des Heiligen Joseph" bis <1944.

Eine Kupferkonsole mit den integrierten Kanontafeln wurde <1968 entfernt.

Christus steht im Mittelpunkt der Gesamtszene, die vorerst dem Matthäus-Evangelium folgt. Von beiden Seiten versammeln sich sieben Apostel (Joh 21,2) vor einer landschaftlichen Kulisse. Jesus, mit einem roten Untergewand und einem blauen Überwurf bekleidet, übergibt in Cäsarea Philippi zwei große Schlüssel an den vor ihm knienden und zu ihm aufschauenden Petrus: „Du bist Petrus, der Fels, und auf diesen Felsen will ich meine Kirche bauen. Ich will dir die Schlüssel des Himmelreiches geben: was du auf Erden binden wirst, wird auch im Himmel gebunden sein – und was du auf Erden lösen wirst, wird auch im Himmel gelöst sein" (Mt 16,18–19). Mit seiner rechten Hand weist Jesus nach oben, denn die Binde- und Lösegewalt wird auch für den Himmel gelten.

Abb. 6.5.2.: Altarbild des Petrusaltars. Nh.

In die Darstellung ist noch eine zweite Begebenheit aus dem Johannes-Evangelium hineinkomponiert: Hinter einem Felsstück vorkommend, drängen sich mehrere weiße Schafe an die Gestalt Jesu heran und führen hin zum dreimaligen Auftrag des Auferstandenen am See Tiberias für das oberste Hirtenamt des Petrus: „Weide meine Schafe". Auf Wolken schwebende Engel bringen die Papstsymbole herbei: die Tiara mit drei Symbolringen der päpstlichen Vollmachten (rechts) und

Abb. 6.5.3.: Hl. Bischof Wolfgang, Patron des Bistums Regensburg. Nh.

Abb. 6.5.4.: Hl. Bischof Anselm von Canterbury. Nh.

den Kreuzstab mit drei Querbalken (links). Da sich Jesus auf dem Weg nach Jerusalem befindet, könnte man im Hintergrund schon an die Stadtmauer denken: „Von da an begann Jesus seine Jünger darauf hinzuweisen, er müsse nach Jerusalem ziehen" (Mt 16,21).

Die Darstellung auf dem Altarblatt vereint folglich Szenen, die meist getrennt voneinander dargestellt werden: Verleihung der Schlüsselgewalt (Mt 16,19) des vorösterlichen Jesus und dessen Übertragung des obersten Hirtenamtes an Petrus (Joh 21, 15–19) am See von Tiberias bei der dritten Erscheinung des Auferstandenen[190].

a) Assistenzfigur: hl. Wolfgang (links)

S. WOLFGANG. E: C: (**S**ANCTUS **WOLFGANG**US. **E**PISCOPUS: **C**ONFESSOR: – Hl. Bischof Wolfgang, Bischof und Bekenner), 924–994, Hauptpatron der Diözese Regensburg

Sein Leben ist benediktinisch geprägt: durch seine Erziehung im Kloster Reichenau, durch seinen Eintritt in Einsiedeln 966. Während seiner Tätigkeit als Bischof von Regensburg ab 971 war es seine Entscheidung, die Funktion des Abtes von St. Emmeram von der des Bischofs zu trennen. Im Zuge einer Klosterreform hat er Niederaltaich zusammen mit Abt Gotthard wiederhergestellt, 983 gründete er das

190 Vgl. auch Hackel 1982, 76–77.

Benediktinerkloster St. Paul, Regensburg. Seine Heiligsprechung erfolgte 1052 durch Papst Leo IX. (1049–1054). Wolfgang ist hier als „Nachfolger der Apostel“ nach benediktinischem Zuschnitt präsentiert, seine prägende bischöfliche Entscheidung lag in der Freigabe der böhmischen Gebiete zur Gründung des Bistums Prag. Im Blick auf sein Gegenüber, den Erzbischof Anselm von Canterbury, erscheint er mehr als der Pragmatiker.

c) Assistenzfigur: hl. Anselm von Canterbury (rechts)

S. ANSELMUS. E:C: (**S**.ANCTUS **ANSELMUS. E**PISCOPUS: **C**ONFESSOR: (der hl. Bischof Anselm, Bischof und Bekenner, ~1033–1109)

Wie Wolfgang von Regensburg steht etwa 120 Jahre später auch Anselm von Canterbury in der Reihe benediktinisch geprägter Bischöfe. 1060 gesellte er sich zu den Benediktinern von Le Bec, war dort Prior und seit 1079 Abt, bevor er 1093 auf den Bischofsstuhl von Canterbury gerufen wurde. Damit war er zugleich Primas der englischen Kirche, später kam der Beiname „Apostel Englands“ hinzu. Für seinen Kampf um eine vom englischen König unabhängige Kirche musste er bis zu einem Konkordat 1107 zweimal ins Exil gehen. Für seine umfangreichen theologischen Abhandlungen über alle wichtigsten Themen des Glaubens hat er den Titel „Vater der Scholastik“ erhalten. 385 Jahre nach seinem Tod nahm ihn Papst Alexander VI. (1492–1503) in das Verzeichnis der Heiligen auf. Im Vergleich zu den nachhaltigen pragmatischen Entscheidungen des Bischofs Wolfgang von Regensburg entwickelte Erzbischof Anselm von Canterbury ein mehr theologisch wegweisendes, wissenschaftlich einflussreiches Programm. Seine zeitnahe Erhebung zum Kirchenlehrer 1720 durch Papst Clemens XI. (1700–1721) könnte ausschlaggebend gewesen sein, ihm hier als „Nachfolger der Apostel“ die Ehre zu erweisen.

d) Gewölbefresko

Abschied und Sendung der Apostel (Mt 10,1–7).

Die Szene ist der sog. „Aussendungsrede“ des Matthäus-Evangeliums entnommen (Mt 9,35–11,1). Jesus hatte zwölf Apostel, „Gesandte“, erwählt; sie repräsentieren die zwölf Stämme Israels. „Die Namen der zwölf Apostel sind: an erster Stelle Simon, genannt Petrus, und sein Bruder Andreas, dann Jakobus, der Sohn des Zebedäus, und sein

Abb. 6.5.5.: Jesu Abschied von den Jüngern. Nh.

Bruder Johannes, Philippus und Bartholomäus, Thomas und Matthäus, der Zöllner, Jakobus, der Sohn des Alphäus, und Thaddäus, Simon Kananäus und Judas Iskariot, der ihn später verraten hat" (Mt 10,2–4)". Auf dem Fresko scheinen erkennbar zu sein Petrus (am unteren Rand, Mitte), der jugendlich wirkende Johannes unmittelbar bei Jesus, dann Judas Iskariot mit Wanderstab (rechter Rand), die linke Hand auf dem Rücken und als einziger von Jesus wegblickend. Alle zwölf waren beauftragt, „die unreinen Geister auszutreiben und alle Krankheiten und Leiden zu heilen" (Mt 10,1). Der Auferstandene Jesus gibt später den elf Aposteln den Auftrag: „Geht zu allen Völkern, und macht alle Menschen zu meinen Jüngern; tauft sie im Namen des Vaters und des Sohnes und des Heiligen Geistes" (Mt 28,19). Die Szene lehrt, dass alle Autorität aus Christus kommt und von ihm abhängig ist; die Apostel sind Botschafter an Christi statt (2 Kor 5,20). „Und so ‚gab' er die einen als Apostel, die anderen als Propheten, andere als Evangelisten, andere als Hirten und Lehrer, zur Heranbildung der Heiligen für die Ausübung des Dienstes, für den Aufbau des Leibes Christi" (Eph 4, 11–12).

6.6. Benediktsaltar

a) Altarbild

„Tod des hl. Benedikt“ (um 1775), von Christian Winck (1738–1797); der Auftraggeber für dieses Bild war Abt Lambert Kraus (1771–1790). Es wurde 1847 zumindest verkleinert, aber nicht entfernt. Die Kürzungen oben und unten wurden 1970 ausgeglichen durch den Kunstmaler Prof. Albert Lauerbach (1901–1973).

Über den Tod des Ordensvaters schreibt Papst Gregor der Große (590–604):

> „Das Jahr, in dem Benedikt aus dem Leben scheiden sollte, war gekommen. Da sagte er einigen Jüngern im Kloster und einigen in der Ferne den Tag seines heiligen Todes voraus. Die bei ihm lebten, wies er an, über das Gehörte zu schweigen, die Abwesenden wies er auf ein bestimmtes Zeichen hin, das sie empfangen sollten, wenn seine Seele aus dem Leib scheiden werde. Sechs Tage vor seinem Tod ließ er sein Grab öffnen. Bald darauf befiel ihn hohes Fieber, und große Hitze schwächte ihn. Von Tag zu Tag ließ er sich von seinen Jüngern in die Kirche tragen; dort stärkte er sich durch den Empfang des Leibes und Blutes unseres Herrn für seinen Tod. Er ließ seine geschwächten Glieder von den Händen seiner Schüler stützen, so stand er da, die Hände zum Himmel erhoben, und hauchte unter Worten des Gebetes seinen Geist aus“[191].

Auf dem Bild ist in einer kleinen, hellen Gestalt die Seele Benedikts angedeutet, wie sie von Engeln flankiert in den von vielen Lichtern erstrahlenden Himmel entschwebt.

b) Assistenzfigur: hl. Erasmus (links)

S: ERASMVS E: M. (**S**ANCTUS **ERASMVS**, **E**PISCOPVS: **M**ARTYR. – Der hl. Erasmus, Bischof und Märtyrer, ~240–303).

Erasmus stammte aus Antiochia, war dort auch Bischof. Während der diokletianischen Christenverfolgung zog er sich auf einen Berg im Libanon zurück, wo er sieben Jahre lang auf wunderbare Weise von einem Raben genährt wurde. Ein Rabe spielt auch im Leben Benedikts

191 Puzicha, Dialoge 2012, 402–403.

Abb. 6.6.1.: Benediktsaltar. Nh.

Abb. 6.6.2.: Altarbild – Tod des hl. Benedikt. Nh.

eine besondere Rolle: Der eifersüchtige Priester Florentius schickte in die Einsiedelei Benedikts im Aniotal vergiftetes Brot.

> „Zur Stunde der Mahlzeit flog immer ein Rabe aus dem nahen Wald herbei und erhielt Brot aus der Hand Benedikts. Der Rabe kam nun wie üblich, der Mann Gottes warf ihm das Brot vor, das der Priester ihm geschickt hatte, und trug ihm auf: ‚Im Namen unseres Herrn Jesus Christus: Nimm dieses Brot und wirf es an

einer Stelle weg, wo es kein Mensch findet'. Da sperrte der Rabe seinen Schnabel auf, spreizte seine Flügel und hüpfte krächzend um das Brot herum, als müsste er deutlich machen, dass er zwar gehorchen wolle, den Befehl aber nicht ausführen könne. Wieder und wieder befahl ihm der Mann Gottes: ‚Heb es auf, heb es ruhig auf und wirf es dort weg, wo es niemand finden kann!' Nach langem Zögern fasste es der Rabe endlich mit dem Schnabel, hob es auf und flog davon. Drei Stunden später kam er ohne das Brot zurück und erhielt nun wie gewohnt aus der Hand des Mannes Gottes sein Futter"[192].

c) Assistenzfigur: hl. Martin von Tours (rechts)

S: MARTINUS. E C. (**S**ANCTUS **MARTINUS**. **E**PISCOPUS **C**ONFESSOR – der hl. Martin von Tours, Bischof und Bekenner, ~316/317–397).

Leicht erkennbar ist der hl. Bischof Martin an der Gans zu seinen Füßen. Der Legende nach versteckte er sich in einem Gänsestall, um der Berufung zum dritten Bischof von Tours zu entfliehen, aber das unruhige Geschnatter der Gänse hat ihn verraten. Papst Gregor der Große (590–604) erklärt den Zusammenhang mit dem hl. Benedikt:

> „Ein befestigter Ort mit Namen Casinum liegt am Abhang eines hohen Berges, der sich über drei Meilen zur vollen Höhe erhebt. Mit seinem Gipfel ragt er gleichsam in den Himmel. Dort stand ein uraltes Heiligtum, wo nach dem Brauch der heidnischen Vorfahren die einfältige Landbevölkerung den Gott Apollo verehrte. Ringsum waren heilige Haine gewachsen, die dem Dämonenkult dienten. Hier plagten sich noch damals viele uneinsichtige Heiden mit ihren Götzenopfern ab.
>
> An diesen Ort kam nun der Mann Gottes. Er zerstörte das Götterbild, stürzte den Altar um, holzte die heiligen Haine ab. Im Tempel des Apollo errichtete er ein Oratorium zu Ehren des heiligen Martin, und an der Stelle des Apolloaltares erbaute er ein Oratorium zu Ehren des heiligen Johannes. Den Leuten, die ringsum wohnten, verkündete er beharrlich die Frohe Botschaft und rief sie zum Glauben"[193].

192 Puzicha, Dialoge 2012, 197–199.
193 Puzicha, Dialoge 2012, 209, 213.

Abb. 6.6.3.: Gewölbefresko – Benedikt besucht seine Schwester Scholastika. Nh.

Benedikt hatte guten Grund, das erste Oratorium dem Hl. Martin zu weihen, der 361 in Ligugé das erste Kloster des Abendlandes errichtete und wenig später 375 das Kloster Marmoutier.

d) *Gewölbefresko*

Benedikt, mit Strahlennimbus und Wanderstab, besucht seine Schwester Scholastika, am rechten Rand das Kloster Montecassino, angelehnt an eine Abbildung der Klosteranlage Anfang des 18. Jahrhunderts (Antonio Parino et Michele Luigi Mutio, 1703). Scholastika empfängt ihn an ihrer Klosterpforte, ausgestattet mit einem Muttergottesbild und einer Öllampe, im Hintergrund lauschen drei ihrer Mitschwestern. Die Hl.-Geist-Taube über Benedikt bestätigt „Sie verbrachten den ganzen Tag im Lob Gottes und im geistlichen Gespräch“[194]. Auffallend ist, dass Benedikt und Scholastika die eine Hälfte des Freskos einnehmen, die andere Hälfte ist der Landschaft gewidmet, als werde hier eigens

194 Puzicha, Dialoge 2012, 355.

Abb. 6.6.4.: Detail des Gewölbefreskos – Das Kloster Montecassino Anfang des 18. Jahrhunderts. Sam.

betont, „es war so heiteres Wetter, dass sich keine Wolke am Himmel zeigte“[195]. Eine fromme List Scholastikas erreicht nämlich durch Blitz, Donner und Wolkenbruch, dass Benedikt entgegen seiner Absichten nicht in sein Kloster zurückkehren kann.

6.7. Beichtnischen

Wie bei den (zumindest vorderen) Seitenaltären die Altarbilder mit den Auszugs- und den Gewölbefresken korrespondieren, so wird auch ein inhaltlicher Zusammenhang der Beichtstühle mit deren Giebelschmuck und den Fresken in den darüber befindlichen Szenen sichtbar. Suchen wir auch hier in den beiden sich gegenüberliegenden Fresken (Der sterbende Josef – Johannes bei der Taufe Jesu) eine „Rangfolge“, so ist zeitlich die Taufe Jesu eine Generation später anzusetzen, daher gebührt dem hl. Josef der Platz auf der Evangelien-, Johannes bei der Taufe Jesu jener auf der Epistelseite. Der hl. Josef als Patron der Sterbenden verweist auf die kirchlichen „Sterbesakramente“ mit der Beichte und der Absolution von allen Sünden. Das Fresko gegenüber stellt die Taufe Jesu, dem „Lamm Gottes, das hinwegnimmt unsere Sünden“, vor Augen. Entgegenlesend vom Emporenfresko mit dem König und Propheten David findet die Anordnung der beiden Begebenheiten eine

195 Puzicha, Dialoge 2012, 361.

Abb. 6.7.1.: Front der Beichstuhlanlage. Nh.

eindrucksvolle chronologische Fortführung mit „Josef, Sohn Davids" (Mt 1,20) und „Johannes, Prophet des Höchsten" (Lk 1,76).

Die beiden „Beichtnischen" sind in der Bewegung nach vorne zu sehen: Beim Eingang das Weihwasser zur Erinnerung an die Taufe, die Beichte als „Vorstufe" zu den Altären, zur Eucharistie.

In beiden Nischen befinden sich über den Beichtstühlen kleine Emporen mit Stuck und Gitter-Schnitzwerk. Die vermeintliche überflüssige Symmetrie auf beiden Seiten (die südliche Empore ist nicht zugänglich) könnte in Zusammenschau mit den beiden kleinen Emporen der ersten Seitenkapellen ein Hinweis auf einen ehemals durchgehenden Umgang in der gotischen Kirche oder gar auf die Höhe der romanischen Seitenschiffe schließen lassen – unterbrochen von den neuen höheren Seitenaltären in den zweiten und dritten Kapellen – bei der Neugestaltung der Kirche in barocken Formen und Ausmaßen.

6.7.1. Evangelienseite

Breite Anlage für ursprünglich zwei offene Beichtstühle mit jeweils zwei Zugängen von rechts und links. Erst ca. 1930 wird der rechte Beichtstuhl für einen Durchgang zum Kreuzgang zu einer Illusions-Tür umgebaut; seither kann feierlicher Einzug zu den Festgottesdiensten und Vespern stattfinden (vorher durch die „Wintersakristei"). 1967 wird der verbleibende Beichtstuhl wiederum umgebaut für einen

Abb. 6.7.2.: Gewölbefresko – der sterbende hl. Josef. Nh.

Zugang und mit verglaster Tür des Beichtvaters – unter Beibehaltung der Vorderfront.

Das geschnitzte Giebelwerk mit drei Bildern, in der Mitte Petrus in seiner doppelten Rolle als reuiger Sünder und Apostelfürst; links: Engel mit Schlüssel (Binde- und Lösegewalt) und Hahn (Bekenntnis gegen Verleugnung); rechts: Engel mit Geißel und Ketten (Lossprechung gegen Gefangennahme).

a) Gewölbefresko

Tod des Heiligen Josef, Patron der Sterbenden. Josef – ab 1621 wurde sein Gedenktag, der 19. März, ein gebotener Feiertag – gibt sein Leben in die Hände des Schöpfers zurück. Seit dem 17. Jahrhundert wurde Josef, der nach der Legende im Beisein Jesu und Marias starb, zum Schutzpatron der Sterbenden [*refugium agonizantum*]. Über den Beichtstühlen postiert, erinnert die Szene des sterbenden Josef zugleich an die Tröstungen der Kirche in den Sterbesakramenten mit der Beichte als Vorbereitung für Krankensalbung und Kommunionempfang.

In zweiter Hinsicht wird die Szene zur Darlegung des Beichtgeheimnisses, denn die Anwesenheit Marias zeigt Josef zusätzlich als „Hüter des Geheimnisses", der sich ursprünglich von seiner Braut in Stille trennen wollte (Mt 1,19–24), dann aber in einem Traum von einem Engel in das heilsgeschichtliche Geheimnis eingeweiht wurde. Auch Maria ist „Geheimnisträgerin", denn sie versagte sich nicht dem göttlichen Ratschluss, sondern „bewahrte alles in ihrem Herzen" (Lk 2, 51). Jesus trug mehrmals seinen Jüngern auf, nichts von seinen Wundertaten weiterzusagen (vgl. die Anweisung an den geheilten Aussätzigen: „Sieh zu, dass du niemand etwas davon sagst!" Lk 5,12–16).

6.7.2. Epistelseite

Beichtstuhlanlage wie gegenüber, mittlerweile ebenfalls umgebaut für zwei Zugangsnischen und zwei Beichtväter hinter verglasten Türen bzw. Fenstern.

Das bekrönende Schnitzwerk zeigt drei kleine Bilder zum Thema „Buße" und „Bekehrung" als Sühne für das Leiden Jesu.

Mitte: die reuerfülllte und bekehrte Maria Magdalena (vgl. Lk 7,47: „Ihr sind ihre vielen Sünden vergeben, weil sie so viel Liebe gezeigt hat") mit überkreuzten Händen als Beteiligte bei der Kreuzabnahme; daneben zwei Hinweise auf den Kreuzweg Jesu; links: Dornenkrönung; rechts: Schweißtuch der Veronika.

a) Gewölbefresko

Die Rolle des Johannes wird von dessen Vater Zacharias mit prophetischen Worten angekündigt: „Und du, Kind, wirst Prophet des Höchsten heißen; denn du wirst dem Herrn vorangehen und ihm den Weg bereiten. Du wirst sein Volk mit der Erfahrung des Heils beschenken in der Vergebung der Sünden" (Lk 1, 67. 76–77). Die Taufe Jesu im Jordan durch Johannes den Täufer gehört in die „Auftragsserie" des letzten Propheten aus dem Alten Bund. „Er wurde als Mensch getauft, aber er vergab als Gott Sünden – nicht weil er selbst Reinigungsriten brauchte, sondern um das Element des Wassers zu heiligen" (Gregor von Nazianz, 3. Theologische Rede). Als Johannes zögerte, Jesus zu taufen, erhielt er von ihm die Weisung: „Lass es geschehen, damit die Gerechtigkeit erfüllt werde" (Mt 3,15). So erklärt sich die über dem Beichtstuhl

Abb. 6.7.3.: Taufe Jesu im Jordan, Nh.

positionierte Taufszene: der Täufer erkennt in Jesus das Lamm Gottes, das die Sünde der Welt auf sich nimmt (vgl. Joh 1,29–34).

b) Gewölbefresko

Die beiden offenen Beichtstühle links und rechts des Eingangsgitters sind Zutaten aus dem Jahr 1912. Die Schnitzornamente und Bilder sind gut angeglichen an die barocken Vorbilder; sie verraten im Gegensatz zu den Veränderungen im 19. Jahrhundert das Anliegen, eine Einheit mit der vorhandenen Ausstattung zu suchen –

Evangelienseite, Giebelbild: Schmerzhafte Muttergottes.

Epistelseite, Giebelbild: Heiliger Antonius mit Kreuzstab, daran eine Glocke.

Abb. 7.1.1.: Deckenfresko des Langhauses. Nh.

7. Langhausfresken

7.1. Hauptfresko

Im Chorbogen ein Strahlenkranz mit dem Heiligen Geist in Gestalt einer Taube, denn durch ihn sprechen die Propheten. Die Inschrift darüber, „*QUI LOCUTUS EST PER PROPHETAS*" [der gesprochen hat durch die Propheten], ist genommen aus dem sog. „Großen Glaubensbekenntnis", dem „Nicäno-Konstantinopolitanischen" Credo, das die Beschlüsse der Konzilien von Nicäa I (325) und Konstantinopel (381) zusammenfasst. Entwicklung, Formulierung und Funktion sind eng mit der Auseinandersetzung zu christologischen Häresien [Irrlehren] verbunden. Zuerst war es die Bekenntnisformel für die Katechumenen [Taufbewerber]. Prophetien sind nicht als Weissagungen oder Prognosen zu verstehen. Sie sagen nichts Zukünftiges voraus, sondern wecken die Hoffnung auf Verbesserungen. Die Menschen sollen durch sie auf Veränderungen gefasst gemacht werden. Propheten drohen nicht, sondern sie wollen wachrütteln.

Das Fresko räumt dem hl. Ordensvater Benedikt von Montecassino sehr deutlich die Hälfte der Gesamtfläche für eine irdische Begebenheit ein, wo er im Hinblick auf die darüberliegende himmlische Szene als „neuer Abraham" und „zweiter Mose" ausgewiesen wird. Ein Dekorband rahmt diese Szene bis dahin ein, wo „Himmel" und „Erde" sich begegnen.

Die Quelle für die irdische Szene befindet sich im zweiten Buch der Dialoge des Papstes Gregors d. Großen, Kapitel 14:

> „Als zu den Zeiten der Goten ihr König Totila gehört hatte, der heilige Mann besitze den Geist der Weissagung, da kam er zu dessen Kloster, blieb etwas zurück und ließ ihm sein Kommen melden. Da ihm sogleich vom Kloster gemeldet wurde, er solle kommen, versuchte er, verschmitzten Sinnes wie er war, zu erforschen, ob der Mann Gottes den Geist der Weissagung habe. Einem seiner Hauptleute, Riggo mit Namen, gab er seine Fußbekleidung, ließ ihn königliche Gewänder anziehen und befahl ihm, so gleichsam seine Person vorstellend, zum Mann Gottes zu gehen. Als Gefolge beorderte er die drei Grafen Vult, Rode-

rich und Blindin, die ihn öfter als andere zu umgeben pflegten, damit sie vor den Augen des Dieners Gottes Riggo als König ausgeben und an seiner Seite schreiten sollten. Er gab ihnen noch anderes Gefolge und Hauptleute bei, damit man sowohl wegen des Gefolges als auch wegen der Purpurgewänder ihn für den König halte. Als nun Riggo mit diesen Kleidern geschmückt und von vielem Gefolge umgeben das Kloster betreten hatte, saß der Mann Gottes in einiger Entfernung. Er sah den Eintretenden und rief ihm zu, sobald er von ihm gehört werden konnte: ‚Lege ab, mein Sohn, [*depone, fili mi*] lege ab; was du trägst, ist nicht dein!' Riggo fiel sogleich zu Boden und fürchtete sich sehr, weil er gewagt hatte, mit einem solchen Mann sein Spiel zu treiben". Im weiteren Verlauf der Erzählung kommt Totila selber zum hl. Benedikt und wirft sich vor ihm zu Füßen. Benedikt empfängt ihn und spricht: „Viel Böses tust du, viel Böses hast du getan. Lass endlich ab von deiner Ungerechtigkeit! Denn du wirst in Rom einziehen, über das Meer setzen, neun Jahre regieren und im zehnten sterben".

Im Fresko ist jener Augenblick festgehalten, in dem der hl. Benedikt zu Riggo sagt: *„DEPONE FILI QUOD TVVM NON EST"* [Mein Sohn, leg ab, was dir nicht gehört]. Im Hintergrund das Kloster Montecassino, ein mächtiger Säulenbau. An der Balustrade des Turmes lehnt ein Krieger, der die Verbindung mit dem gotischen Heer herstellt, das den linken Hintergrund ausfüllt. Lanzen und Fahnen ragen heraus und verleihen dem Ganzen ein kriegerisches Aussehen. Eine Siegessäule erhebt sich inmitten des Heeres, den eine Büste mit einem Siegeskranz krönt[196]. „Das prophetische Wort erweist seine Überlegenheit über die Waffen der Armeen"[197].

Benedikt sitzt vor seinem Kloster, er ist dargestellt als ehrwürdiger Greis mit langem, weißem Bart, in weitem, schwarzen Habit. Er weist mit der rechten Hand zur geöffneten Klosterpforte, die linke streckt er Riggo entgegen. Die Inschrift am oberen Türbalken greift ein Schriftwort auf, ursprünglich von Jesus an Johannes den Täufer gerichtet: *„plus quam propheta"* [mehr als ein Prophet; Mt 9,9]. Über der Pforte

196 Fink, Kirche 1920, 34–35.
197 Dammertz 2012, 16.

Abb. 7.1.2.: Deckenfresko – Ausschnitt mit Benediktsszene. Nh.

halten zwei Engel ein Medaillonbild mit Jesus, dem Guten Hirten und der Inschrift: „*Ecce Agnus Dei*“ [siehe, das Lamm Gottes; Joh 1,29].

Riggo ist mit königlichen Gewändern bekleidet, sie scheinen ihn beinahe zu erdrücken. Sein Gesicht ist durch einen Helm zur Hälfte verdeckt, lediglich der lange Bart ist sichtbar. Ein Page hat für ihn einen Teppich ausgebreitet, ein anderer hält die Krone, ein dritter kniet daneben, mit einem Geschenkkästchen in Händen. Zwei Pagen halten einen runden Baldachin.

In der aufsteigenden himmlischen Hierarchie folgen nun drei Gruppierungen. Zwei Reihen zeigen etwa zwanzig Propheten, die oberste strebt auf Christus zu. Den Anschluss an die untere Hälfte suchend soll das Prophetische an Benedikt bestätigt werden. So folgt die Darstellung Papst Gregor d. Großen: „Der Verfasser breitet in der Vita aus, dass derselbe Geist, der in Mose, David, Elias, Elisäus, Petrus, ja im Herrn selbst gewirkt, auch Benedikt zum Propheten gemacht hat“[198].

198 Senger 1963, 25, vgl. auch 31.

Abb. 7.1.3.: Deckenfresko – Ausschnitt mit Propheten. Nh.

Die mit Namen benannten Propheten in der unteren und mittleren Reihe konnte P. Wilhelm Fink noch undeutlich feststellen, aber wegen Ruß und Staub nicht entziffern. Sie wurden vermutlich bei der Restaurierung 1944/45 ganz entfernt. So ist es schwierig geworden, alle Propheten zu identifizieren. Einige sind auch ohne namentliche Benennung durch Attribute erkennbar. Der Maler hielt sich nicht an das Gruppenschema der vier großen Propheten (Jesaja, Jeremias, Ezechiel, Daniel) und der zwölf kleinen Propheten (Hosea, Joel, Amos, Abdias, Jonas, Micha, Nahum, Habakuk, Sophonias, Aggäus, Zacharias, Maleachi) und fügte weitere Propheten wie Elias und Elischa hinzu.

Die Identifizierung ist erschwert und man muss sich mit dem zufriedengeben, was durch Attribute oder Gesten verstanden werden kann:

In der unteren Reihe *Amos*, der Schafhirte aus Thekue, mit Hirtenstab und Hirtentasche, in der rechten Hand einen Stein haltend; *Jesaia* mit glühender Kohle und einer Zange. Jesaja betet im Tempel und erfährt die Herrlichkeit Gottes. Er glaubt sich verloren: „Weh mir, ich bin verloren. Ich bin ein Mann mit unreinen Lippen“ (Jes 6,5). Da kam ein Engel, der seinen Mund mit einer glühenden Kohle berührte und sprach: „Deine Schuld ist getilgt, deine Sünde gesühnt" (Jes 6,6–7). Jesaja wird auch der ‚Evangelist' unter den Propheten genannt, weil er das Kommen des Messias ankündigt und von der Jungfrau spricht, die einen Sohn gebären und ihm den Namen ‚Immanuel – Gott mit uns" verleihen wird (Jes 7,14); *Ezechiel* als Priester mit Rauchfass;

Am linken Ende der oberen Reihe können identifiziert werden: *Daniel* mit dem Löwen, am anderen Ende *Jona* mit Fisch und über ihm eine Rizinusstaude (Jona 4,6); in der Mitte des Kreises *Jeremias* als halbbekleideter, alter Mann, mit langem weißen Bart, die Hände gefaltet, Tränen mit einem Tuch trocknend, den Blick nach oben. Rechts ein alter Mann mit Blick auf Christus, in der linken Hand die Rizinusstraude des Jonas. Ein Jüngling küsst seinen Mantel in Ehrfurcht, evtl. Elisäus, der einem Jüngling das Leben wieder gegeben hat.

In der dritten und obersten Gruppe strebt alles auf Christus zu, in der Schriftkartusche darüber als *„INSPIRATOR PROPHETARUM"* [Erleuchter der Propheten, eine Anrufung aus der „Litanei vom Leben und Leiden Jesu Christi", in Jakob Merlo Horst „Paradisus Animae Christianae" von 1644. In Abwandlung vorhanden im aktuellen Gotteslob, der Litanei „Vom Heilswirken Gottes" (GL 558), und in der „Heilig-Geist-Litanei" (GL 565). Siehe auch Thomas von Kempen, Imitatio Christi, Liber tertius, Cap. 2, 1.: „Es rede also nicht Moses zu mir noch einer von den Propheten, Du vielmehr rede zu mir, mein Herr und mein Gott, Du Einsprecher und Erleuchter aller Propheten, denn du allein vermagst ohne sie mich vollkommen zu unterweisen; sie aber werden ohne Dich nicht belehren".

Alter und Neuer Bund teilen sich die beiden Seiten; so links Abraham, unter ihm Moses mit den Gesetzestafeln [übermalt durch Wolkenstruktur]. Den rechten Platz nimmt Maria ein, die *„REGINA PROPHETARUM"* [Königin der Propheten]. Das ist die dritte Anrufung unter dem Titel „Königin" aus der „Lauretanischen Litanei". Das Leben Marias ist insgesamt prophetisch, indem sie durch ihre Zustimmung zum Willen Gottes den ersehnten Sohn Gottes zur Welt bringt und seinen Willen den Menschen verständlich macht. Die „Präambel" ihres prophetischen Dienstes verkündet sie im „Magnificat" [Hoch preist meine Seele den Herrn] bei der Begegnung mit ihrer Base Elisabeth.

Darunter befinden sich Petrus (ursprünglich mit Schlüssel) und Paulus in lebhaftem Gespräch.

Abb. 7.2.1.: Ankündigung prophetisch begabter Männer. Nh.

Abb. 7.2.2.: Hl. Wolfgang. Nh.

Abb. 7.2.3.: Schriftkartusche. Nh.

7.2. Stichkappen und Pfeilerbilder der Evangelienseite

7.2.1. Ankündigung prophetisch begabter Männer

Engel als Herold, Fanfarentrompete mit Standarte.
Inschrift: *„PROPHETAE TUI FIDELES INVENTI Eccli.C.36."* [Deine Propheten werden als treu befunden; Sir 36, 21]; darüber: *„RECONDITA PANDUNT"* [Verborgenes decken sie auf].

7.2.2. Hl. Wolfgang

a) Erstes Pfeilerbild

S[ANCTVS] **WOLFGANGVS EP**[iscopus]. Der hl. Bischof Wolfgang.

Der hl. Wolfgang (~924–994), ab 972 Bischof von Regensburg, beigesetzt in St. Emmeram in Regensburg. Weitblick und Mut zeigte er, als der Errichtung des Bistums Prag zustimmte. Er löste sich auch von der Personalunion als Bischof von Regensburg und zugleich Abt von St. Emmeram und holte dazu 974 Ramwold von Trier als Abt. Seine Gebeine wurden 1052 durch Papst Leo IX. (1049–1054) erhoben und unter dem Westchor von St. Emmeram, sodann „Wolfgangskrypta“, benannt. Die seit 1964 eingeführte „St.-Wolfgangs-Woche“ sollte als Gebetswoche mit verschiedenen Schwerpunkten eine intensivere Verehrung bewirken. Dargestellt ist der Heilige in bischöflichen Gewändern mit Pluviale, Bischofsstab und Mitra, dazu Beil und Kirchenmodell. Letztere gehen auf einen legendären Beilwurf zurück, wonach infolge eines Gelübdes am Aufschlagsort eine Kirche gebaut würde – die St.-Johannes-Kirche in Abersee. Wolfgangs Gedenktag ist der 31. Oktober, er ist Hauptpatron der Diözese Regensburg.

b) Stichkappe: Wolfgangsprophetie

Auf Bischof Wolfgang und dessen prophetische Gabe bezogen: *„DECRETOS PRAEDICIT HONORES“* [er kündigt Ehren an].

Über einem Felsenhügel (Grab?) steht ein Totenkopf mit aufgesetzter Mitra auf einem Kissen, dazu Bischofstab und eine Krone, im Hintergrund rechts scheint ein Vollmond – es ist Nacht.

Nach unten hängendes Schriftstück: *„POST SEX“*.

Spruchband: *„OSSA IPSIUS PROPHETABUNT .ECCLI C49 V18“* [seine Gebeine werden prophezeien; Sir. 49,18]. Da bestätigt sich das Vertrauen auf die prophetische Gabe des hl. Wolfgang. Noch nach seinem Tod bewirken seine irdischen Überreste durch Gottes Gnade eine Ansage auf künftige Aufgaben und Berufungen.

c) Kommentar

Die Legende berichtet: Kaiser Heinrich II. der Heilige (973–1024), damals noch Herzog in Bayern, betete am Grab seines Erziehers, des hl. Bischofs Wolfgang, da vernahm er eine Stimme: „Lies die über dem Grab geschriebenen Worte“, denn es erschien diese Schrift an der Wand: *„Post sex“* [nach sechs]. Der Herzog bereitete sich auf seinen baldigen Tod vor … er wartete sechs Tage … sechs Wochen … sechs Monate … sechs Jahre: da wird er Kaiser, die angekündigten Veränderungen treffen ein. Die Zahl bezog sich nicht auf seinen Tod, sondern auf sein Leben und auf höhere Aufgaben[199].

199 Vgl. dazu Mehler 1894, 196, mit Hinweisen auf verschiedene Handschriften.

Abb. 7.2.4.: Hl. Benno. Nh.

Abb. 7.2.5.: Benno-Prophetie. Nh.

7.2.3. *Hl. Benno*

a) Zweites Pfeilerbild

S[ANCTVS]. **BENNO E**[PISCOPVS]. Der hl. Bischof Benno.

Das Bild zeigt den heiligen Benno (1010–1106) in weiter Benediktinerkukulle, mit Gloriole, Brustkreuz und Hirtenstab. Seine rechte Hand hält einen Schlüssel. Im Hintergrund links eine Altarsäule, davon seitlich ein ovales Bild, möglicherweise „Maria mit Kind".

1040 zunächst Abt in Hildesheim, dann 17 Jahre Kanoniker, wurde er 1066 gegen seinen Willen zum Bischof von Meißen ernannt. Im Investiturstreit stand Benno zwischen Papst Gregor VII. (1073–1085) und Kaiser, dafür wurde er 1085 als Bischof abgesetzt und er konnte erst drei Jahre später wieder aus seinem Exil zurückkehren. Von da an widmete er sich besonders der Bekehrung der Slawen, daher sein späterer Titel „Apostel der Slawen". Seine Heiligsprechung erfolgte 1523. Seine Gebeine gelangten auf Umwegen 1576 in die Frauenkirche in München, wo sie vor Entehrung oder gar Vernichtung geschützt sein sollten. Bischof Benno ist Patron des Bistums Dresden-Meißen und Stadtpatron von München. Sein Gedenktag ist der 16. Juni.

b) Stichkappe: Benno-Prophetie

„MERSA EMERGOR“ [untergetaucht tauche ich wieder empor]

Die Inschrift bezieht sich auf seine Rückkehr in die Diözese Meißen nach seiner Absetzung. Die Legende berichtet, Benno habe beim Verlassen seiner Bischofsstadt den Schlüssel zu seiner Domkirche in die Elbe geworfen, um dem vom Kaiser bereits ernannten Gegenbischof den Zugang zu blockieren. Als er nach drei Jahren zurückkehrte, da tauchte aus dem Wasser ein Fisch mit dem Domschlüssel auf. Fisch und Schlüssel sind zu den unverwechselbaren Attributen des hl. Benno geworden.

Spruchband: *„EX SION EXIBIT LEX . Isaia C 2“* [das Gesetz wird vom Sion ausgehen, Jes 2,3].

Der hl. Benno hat sich in den schweren Zeiten des Investiturstreites zwischen Papst Gregor VII. (1073–1085) und Heinrich IV. vor allem gegen den Markgrafen von Meißen als Prophet erwiesen. Der Papst fährt mit einem Schifflein über den See (das „Schifflein Petri“), den Heiland in Brotsgestalt in Händen. Mit der Monstranz in der Hand hält er den richtigen Kurs[200].

7.2.4. Hl. Malachias

a) Zweites Pfeilerbild

S[ANCTVS]**:MALACHIAS ARCHI**[EPISCOPVS]: Hl. Malachias (1094/95–1148), Erzbischof von Armagh in Irland, in der Gewandung eines Erzbischofs mit Pallium. In einer bewegten Zeit erneuerte Malachias das Leben seiner Diözese, vorwiegend mit Hilfe der Orden. Er schreibt in einem Buch, offenbar sollte dies auf die ihm fälschlich zugeschriebenen Papstprophezeiungen hindeuten. Die Heiligsprechung erfolgte 1190 durch Papst Clemens III. (1187–1191). Sein Biograph ist der hl. Bernhard von Clairvaux (~1090–1153); Gedenktag ist der 3. November.

200 Boll. Jun.III, 148: epitome vetus actorum; Cap. 3: *„Inter paucos sanctae Matris Ecclesiae obediens inventus est filius; qui mandatis Pontificis obtemperans, Imperatorem et Marchionem Misnae ei adhaerentem … in ecclesia Misnensi pro excommunicatis publice nuntiavit.Monasterium sancti angeli.“*

Abb. 7.2.6.: Hl. Malachias. Nh.

Abb. 7.2.7.: Schriftkartusche. Nh.

b) Stichkappe: Malachias-Prophetie

„AENIGMATA FUNDIT", [er verbreitet rätselhafte Andeutungen], bezogen auf die ihm fälschlich zugeschriebenen Papstprophezeiungen.

Mehrere Papstkronen, im Kreis aufgestellt, darunter liegen zumindest sechs sichtbare *ferulae* [päpstliche Kreuzstäbe] erkennbar an jeweils drei Querbalken.

Spruchband: *„IN TEMPORA LONGA ISTE PROPHETAT. EZECH."* [Dieser weissagt auf fernliegende Zeiten, Ezech. 12,27].

Malachias wurde in dem fünfbändigen Werk „Lignum vitae" (1595) des belgischen Benediktiners Arnold Wion (1554–1610) mit Papst-Weissagungen aus 112 kurzen Sinnsprüchen in Verbindung gebracht, allerdings wird seine Urheberschaft seit langer Zeit angezweifelt. Eine umfangreiche Literatur hat sich dazu angesammelt. Beim derzeitigen Stand der Forschung gilt eher der hl. Philipp Neri (1515–1595) als Urheber, zumindest der letzten 41 wirklich prophetischen Sinnsprüche.

Abb. 7.3.1.: Ankündigung prophetisch begabter Frauen. Nh.

7.3. Stichkappen und Pfeilerbilder der Epistelseite

7.3.1. *Ankündigung prophetisch begabter Frauen*

Engel als Herold, Fanfarentrompete mit Standarte.

Schriftband: *„FILIAE VESTRAE PROPHETABUNT“* [Euere Töchter werden ankündigen; das volle Zitat stammt aus dem Buch Joel: *„... et prophetabunt filii vestri et filiae vestrae“* (Joel 3,1; vgl. auch Apg 2,17)]; darüber: *„A Longe prospiciunt“* [Von weiter Ferne sehen sie voraus]

Einige wenige Frauen werden im Alten Testament „Prophetinnen“ genannt: Mirjam, die Schwester Aarons: „Da nahm die Prophetin Mirjam, Aarons Schwester, die Pauke in die Hand, und alle Frauen zogen mit Paukenschlägen und Reigentänzen hinter ihr her. Mirjam stimmte den Leitvers („Mirjamlied“) an: „Singet dem Herrn, denn hocherhaben ist er; Ross und Wagen warf er ins Meer“ (Ex 15,20–21); Debora: „...eine prophetisch begabte Frau, das Weib des Lappidot, richtete zu jener Zeit Israel“ (Ri 4,4); auch die Frau des Propheten Jesaja: „Ich hatte mich der Prophetin genaht; sie ward schwanger und gebar einen Sohn“ (Jes 8,3). Nicht zuletzt Hanna, Tochter Penuels aus dem Stamm Ascher; zusammen mit Simeon wartete sie geduldig auf den Messias und durfte in Jesus das „Licht sehen, das die Heiden erleuchtet“(Lk 2,31) sie „pries Gott und redete über ihn zu allen, die auf die Erlösung Jerusalems warteten“ (Lk 2, 36–38). Hanna steht somit an der Schnittstelle zum Neuen Testament und der kirchlichen Tradition. Die drei heiligen Frauen werden in der Folge mehr als Mystikerinnen bezeichnet, als Entsprechung der prophetisch begabten Frauen im Alten Bund.

7.3.2. *Hl. Lutgard*

a) Erstes Pfeilerbild

S[ancta]. LVTGARDIS V[irgo]. Die hl. Lu(i)tgard von Tongern (1182–1246), Schutzpatronin Flanderns, fand ihren Biographen in Thomas von Cantimpré (1201–1270/72). Um 1200 legte sie ihre Ordensgelübde im Benediktinerinnenkloster St. Katharina in St. Truijen (St. Trond) ab. Um der Aufgabe als Priorin zu entkommen, wechselte sie 1208 zu den Zisterzienserinnen in Aywières.

Luitgard als Nonne mit Heiligenschein, dazu zwei Bücher, jeweils mit Aufschrift:

Abb. 7.3.2.: Hl. Lutgard. Nh.

Abb. 7.3.3.: Lutgard-Prophetie. Nh.

„IN OMNIBVS GLORIFICETVR DEVS“ (oftmals abgekürzt: u.i.o.g.d.; damit in allem Gott verherrlicht werde; 1 Petr 4,11; übernommen in die Benediktregel, Kap. 57., „Von den Handwerkern des Klosters“).

„Liber in Sanctam Regulam“ (Buch zur heiligen Regel). Erinnerung an den Übertritt zu den Zisterzienserinnen und der Zisterzienserreform: wörtliche Einhaltung der Klosterregel, körperliche Arbeit, strenges Stillschweigen und Gemeinschaftsleben, das zurückgezogene Wirken zur Ehre Gottes im gewöhnlichen Alltag. Das letztere trifft in besonderer Weise auf Luitgard zu.

Nicht mehr vorhanden ist – wohl durch Feuchtigkeitsschäden unwiederbringlich zerstört –, was Wilhelm Fink 1920 gesehen hat: „Über ihr ist der Kopf einer Frau angebracht mit einer eigenartigen, turbanähnlichen Kopfbedeckung mit einer Krone. Die Bedeutung ist rätselhaft“[201]. Das Rätsel könnte sich lösen aus dem Bericht über die Ordensprofess Luitgards. Bischof Hugo II. Pierrepont von Lüttich (1200–1229) legte ihr und ihren Mitprofessen kleine Leinenbänder um das

201 Fink 1920, 45.

Haupt. Ein Mitfeiernder und eine Nonne sahen aber auf dem Haupt Luitgards eine Krone, später gedeutet als Vorausahnung ihrer Heiligkeit[202].

b) Stichkappe: Lutgard-Prophetie

„*MOESTIS SOLATIA PRAEBET*" [*den Betrübten gewährt sie Tröstungen*]

ActaSanct 16. Juni, Lib II, cap. 40: „*Tribulatos et tentatos confortare et roborare cum mira sollicitudine nitebatur: Et revera mirum in modum gratiam ei in hoc Deus ipse contulerat, ut nullus ab ea vel tentatus vel tribulatus sine avellatione discederet*" ... An dieser Stelle wird eine trostsuchende, französisch sprechende Frau („*mulier gallica*") erwähnt. Ohne diese Sprache zu kennen, konnte sich Luitgard auf der Stelle mit ihr verständigen... „*ignotae sibi invicem linguae in colloquio convenirent*".

Das gesamte dritte Kapitel im zweiten Buch der Acta Sanctorum, Lib II, cap. 3, 34-43, mit der Überschrift: „*Spiritu prophetiae futura absentia, arcana indicata*" ist ihrer prophetischen Gabe gewidmet; „*Constat multis et per multa, piam Lutgardem spiritu prophetiae claruisse*" (3,34).

Schriftband und Szene:

> „*AD PANEM ANGELORUM DEDUCTA AB ANGELIS. EX VITA*" [Zum Brot der Engel von Engeln geleitet]. „*Solita erat, omni die Domenico Dominici Corporis reficie Sacramento. Cumque euntem ad altare nullus eam in subsidium debilis corporis sustentaret, manifeste viderunt aliquae, quibus videre datum est, duos eam Angelos mediam tenere et ad altare deducere*"[203].

Das Brot der Engel in der Monstranz, daneben das alttestamentliche Vorbild, das Manna. Das auserwählte Volk wandert durch die Wüste und wohnt in Zelten. Die mystisch-prophetischen Schauungen Luitgards sind weitgehend aus der Liturgie gespeist und gipfeln im heiligen Messopfer, der täglichen unblutigen Erneuerung des einmaligen Opfers auf Kalvaria[204]. Lutgard war eine der ersten Herz-Jesu-Verehrerinnen.

202 Merton 1953, 37.

203 ActaSanct 16. Juni, Lib II, cap. 39.

204 Vgl. Merton 1953, 10.

7.3.3. Hl. Ediltrud

a) Zweites Pfeilerbild

S. EDILTRVDIS V. [*Sancta Ediltrudis Virgo; die heilige Jungfrau Ediltrud*] (~635–679).

Für ihren Namen existieren etwa 30 Schreibvarianten, in der deutschen Sprache vorwiegend „Edeltraud". Sie lebte von ~635 bis 679, war in ihrer zweiten, jeweils jungfräulichen Ehe, Königin von Northumbrien und erste Äbtissin des von ihr gegründeten Klosters Ely, das bis zur Reformation ein Wallfahrtsort war; bis heute zählt sie zu den meist verehrten Heiligen in England. Im Liber Eliensis, Band I, S. 43–49, wird ihr Leben beschrieben, auch Beda Venerabilis widmet ihr seine Aufmerksamkeit[205].

Dargestellt als Äbtissin mit Stab, sie drückt das Jesuskind an ihre Wange. – Über ihr sieht W. Fink noch „die merkwürdige Figur eines Mannes (Christus?)"[206]; vermutlich hat auch hier Feuchtigkeit Schaden angerichtet; leider fehlen ältere Aufnahmen zu einem Vergleich. Beda Venerabilis rühmt ihre unberührte Jungfräulichkeit [*virginitatis integritas*], nennt sie „jungfräuliche Mutter" [*mater virgo*], Jungfrau und Braut Christi [*virgo et sponsa Christi*] [207]. In seiner „Hymne auf die Jungfräulichkeit" rühmt er Ediltrud als „Königin und Braut Christi" [*„…reginae ac sponsae Christi"*] und stellt sie neben Maria, die Mutter Jesu: „Des himmlischen Königs Mutter mögest du folgen, ich glaube, auch du sei Mutter des himmlischen Königs" [*Regis ut aetherei matrem iam, credo, sequaris, tu quoque sis mater regis ut aetherei"*] „Auch unsere Zeit beglückte die ruhmreiche Jungfrau, auch unsere ruhmreiche Aetheltryth erstrahlt" [*Nostra quoque egregia iam tempora virgo beavit; Aedilthryda nitet nostra quoque egregia"*].

b) Stichkappe: Ediltrud-Prophetie

„PRAESAGIT ACERBA" [sie ahnt Bitteres voraus].

Beda Venerabilis berichtet, Ediltrud habe eine Pest vorausgesagt, an der sie und eine Anzahl ihrer Nonnen sterben würden. [*„Sunt etiam, qui*

205 Spitzbart Günter (hg.), Beda der Ehrwürdige. Kirchengeschichte des englischen Volkes. Darmstadt 1997.

206 Fink 1920, 41.

207 Spitzbart 1997, Beda, Historia Ecclesiastica Lib. IV, cap. 19.

Abb. 7.3.4.: Hl. Ediltrud. Nh.

Abb. 7.3.5.: Ediltrud-Prophetie. Nh.

dicant, quia per prophetiae spiritum et pestilentiam, qua ipsa esset moritura, praedixerit, et numerum quoque eorum, qui de suo monasterio hac essent de mundo rapiendi, palam cunctis praesentibus intimaverit"[208]].

Schriftband: *„ERUNT PESTILENTIAE MTTH 24"* [es wird die Pest herrschen]. Bestätigung der prophetischen Vision mit einem Zitat aus dem Matthäusevangelium, Kap. 24, V. 7. Ein Pestkranker mit aufgedunsenem Körper, blauen Lippen, schwarzen Flecken und eitrigen Beulen erinnert an die Pestzeiten. Vor der Ausmalung der Kirche 1722 bis 1724 herrschte letztmals die große Pest in den Jahren 1708 bis 1714 u.a. in Böhmen, Mähren, Österreich und in der Oberpfalz. Das große Leinentuch erinnert an das schnellstmögliche Begräbnis der Pesttoten in zugenähten Leinensäcken, oftmals in Massengräbern, wo schon andere vor ihnen begraben wurden (Totenkopf) und symbolisiert zugleich, wie sich die Pest über das ganze Land legte.

208 Spitzbart 1997, Beda, Historia Ecclesiastica Lib. IV, cap. 19, 376–377.

Abb. 7.3.6.: Hl. Hildegard. Nh.

Abb. 7.3.7.: Hildegard-Prophetie, Nh.

7.3.4. Hl. Hildegard

a) Drittes Pfeilerbild

S. HILDEGARDIS V. [Sancta Hildegardis Virgo; die heilige Jungfrau Hildegard] (1098–1179).

Wilhelm Fink schildert das Bild als „stark beschädigt"[209].

Hildegard wurde schon zu Lebzeiten die *„prophetissa teutonica"*, die „Deutsche Prophetin" genannt, verglichen mit den alttestamentlichen Propheten als Mahner und Künder. Sie bezeichnete sich selbst als „schauende Magd Christi" und als „Posaune Gottes". Ihre drei Hauptwerke sind: *„Scivias"* – Wisse die Wege; der *„Liber vitae meritorum"* – Das Buch der Lebensverdienste; der *„Liber divinorum operum"* – Das Buch der Gotteswerke. Vor allem *„Scivias"* bringt sie in thematischen Zusammenhang mit dem Mittelfresko, indem sie den Weg Gottes mit der Menschheit beschreibt. Es ist der Weg der Liebe Gottes, die den Menschen nach dem Sündenfall durch Christus erlöste und die das

209 Fink 1920, 43.

Heilswerk bis zum Ende der Zeiten fortsetzt durch die Kirche. Alles findet seinen zentralen Sinn in Christus, dem Heiland.

Hildegard hält ihre linke Hand über das Haupt eines Herrschers, es ist Konrad III. (1127/1138–1152), der sich ihr empfiehlt: „Obwohl wir ein weltliches Leben führen, eilen wir zu dir, flüchten wir uns zu dir und suchen demütig um die Unterstützung deiner Gebete und Ermahnungen an“[210].

b) Stichkappe: Hildegard-Prophetie

„LUCEM EX ALTO“ [Licht aus der Höhe], wohl eine Anspielung auf verschiedene Stellen ihrer Biographie, wie sie in den Acta Sanct Sept. Tom V. aufgezeichnet ist, wo sie *„lucerna Christi“* [Leuchte Christi] genannt wird.

Schriftband: *„PRODIGIIS CALAMO VATICINIIS SPLENDET“* [sie glänzt durch Wunder, ihre Schreibfeder und ihre Weissagungen].Das ist ein Wort aus ihrer Biographie, die hier der Künstler ausdrücklich als Quelle nennt. Hildegard wirkte als Beraterin von Päpsten und Kaisern. Im Bewusstsein ihrer überirdischen Sendung fordert sie Gehorsam. Zwischen der Deutschen Reichskrone und der römischen Papsttiara befindet sich eine Kerze auf einem Leuchter, Hinweis auf Hildegard, die als „lucerna“ zwischen beiden vermittelt. Hildegard schreibt an Konrad: *„Qui vitam dat omnibus, dicit: Beati sunt, qui candelabro summi Regis digne subjacent“*[211].

210 Storch 2012, 429.

211 Acta Sanct Sept V, 640.

8. Empore

Ungeachtet der wie selbstverständlich anmutenden Zweiteilung in „Untere Empore“ und erhöhtem „Orgelpodest“ (vgl. Anhang 3) wird hier der Gesamtraum als ursprünglich insgesamt der Musik gewidmeten Fläche betrachtet. Die künstlerische Ausgestaltung, beginnend bei der vorderen Emporenbrüstung und den verdeckten Grisaillebildern hinter der Orgel liefern dazu ausreichend Berechtigung. Die Balustrade der Tribüne ist dabei als spätere – störende – Zutat zu sehen.

8.1. Brüstung

Einige Felder mit Musikinstrumenten und Tieren, u.a. ein Reiher (Wappenbild von Abt Roman II., auch Symbol für Christus).

Brüstungsfeld links mit Orgelpfeifen: Signatur J.G.H. für „Johann Georg Holzinger“ (+ 1738), rechts ein Feld mit Flöte und Laute, darin die Initialen F.I.H. für „Franz Joseph Holzinger“, mit der Jahreszahl 1725; also muss Holzinger mit dem Vater in Metten zusammengearbeitet haben (vgl. S. 42, Abb. 3.4.4. und 3.4.5.).

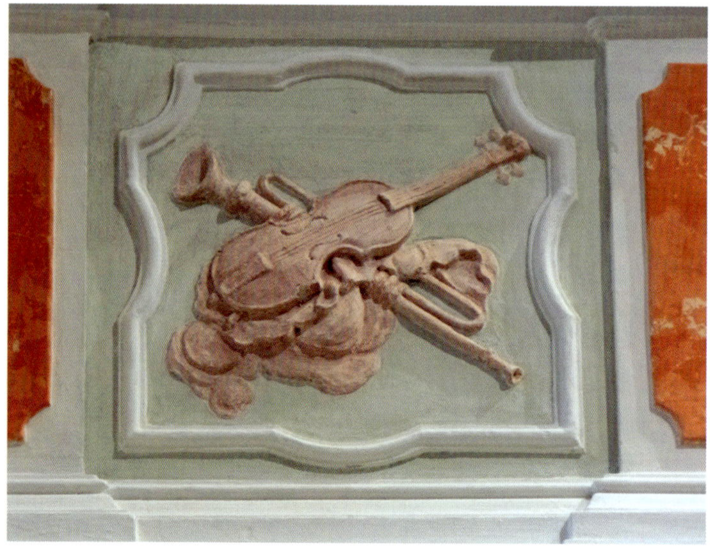

Abb.8.1.1.: Stuckfeld an der Emporenbrüstung. Nh.

8.2.1.: Hauptfresko mit König David, Nh.

8.2. Hauptfresko

König David, in vielen mittelalterlichen Schriften als *„rex et propheta“* [König und Prophet] verstanden. Das Königtum galt als wichtige Instanz, die im Christentum als prophetisch tituliert wurde. Die Könige verweisen auf den kommenden Messias Jesus Christus.

David, zweiter König Israels nach Saul, singt zur Harfe vor der Bundeslade, worin sich die Gesetzestafeln befinden, welche Mose am Berg Sinai von Gott erhalten hat. Die Philister hatten sie an die Israeliten zurückgegeben und so wurde sie in feierlichem Zug nach Jerusalem gebracht (1 Chr 15–16,6). David ist von seinem Thronsessel aufgestanden und kniet auf einem Polster im Herrschergewand, jedoch ohne Krone, mit Hermelin, einer Schleppe aus Goldbrokat und einem üppigen Untergewand. Die Harfe und vor ihm das Buch der Psalmen als eindeutige Attribute weisen ihn als Sänger aus, der mit Blick nach oben die Lobpsalmen auf die heimkehrende Bundeslade anstimmt. Eine nicht unbedeutende Kleinigkeit ist der Engelkopf an der Harfe mit Blick auf David, erinnernd an das Psalmwort: „In conspectu angelorum psallam

8.2.2.: Schriftkartusche am westlichen Scheidenbogen. Nh.

tibi, Deus meus“ [Im Angesicht der Engel will ich dich lobpreisen, mein Gott“, Ps. 137,1].

Die Darstellungen über ihm beziehen sich auf die Folgen der von David eigenmächtig angeordneten Volkszählung. „Da Gott die Sache missfiel, schlug er Israel“ (1 Chr 21, 7). David konnte unter dreierlei Strafen wählen (1 Chr 21, 10–12): drei Jahre Hungersnot [darbender Engel, linke Hand am Herzen], drei Monate Krieg [Engel mit Schwert auf dunkler Wolke], drei Tage Pest [Engel mit Totenkopf]. David zeigte sich verantwortlich für seine Untat und bat Gott, das Volk zu schonen. Zur Sühne wurde er angewiesen, einen Rauchopfer-Altar zu errichten (1 Chr 21, 17–30).

8.2.1. Schriftkartusche

Thematisch findet das große Langhausfresko seinen Abschluss in der Schriftkartusche am westlichen Scheidebogen, anklingend an den Lobgesang „Te Deum laudamus“ [Dich, Gott, loben wir]: „TE DEVM LAVDANT OMNES ANGELI ET SANCTI TVI. TE PROPHETARVM LAVDABILIS NVMERVS“ [Dich, o Gott, loben alle Engel und Heiligen, die lobwürdige Zahl der Propheten]. Sie findet ihre Erfüllung in der anliegenden Kartusche, ausgerichtet auf die Empore:

Abb. 8.2.3. (oben links): Kartusche „in tympano". Nh.

Abb. 8.2.4. (oben rechts): Kartusche „in chordis". Nh.

Abb. 8.2.5. (unten links): Kartusche „in organo". Nh.

Abb. 8.2.6. (unten rechts: Stichkappe mit Rauchfass. Nh.

„LAVDATE EVM IN SONO TUBAE. Psalmo 150 V.3" [lobt den Herrn mit dem Schall der Posaune, Psalm 150, Vers 3], diese wird fortgesetzt in den Bogenfeldern:

Nördlich: „In tympano" [mit Pauken, Psalm 150, 4a], die Stuckputten sind ausgestattet mit Pauken und Trommeln;

Südlich: „In chordis" [mit Saitenspiel, Psalm 150, 4b], Putten mit Streich- und Zupfinstrumenten;

Mitte: „In organo" [mit Orgel- bzw. Pfeifenklang], über der Orgel, Putten mit Blasinstrumenten.

P. Wilhelm Fink findet an der übrigen Ausmalung wenig Gefallen[212]:

212 Fink, Kirche 1920, 45.

Abbl. 8.2.7.–8.2.10. (von links nach rechts): Verdeckte Grisaille-Bilder – Glaube (fides), Hoffnung (spes), Liebe (caritas) und Weisheit (sophia). Nh.

> „So sehr in diesen musizierenden Engeln die Kunst des Stukkateurs uns entgegentritt, so wenig können uns die Bilder in den Stichkappen ansprechen. bei dem Scheidebogen Wolken auf blauem Himmel. Ebenso bringt der Maler in den beiden Bogenfeldern beim Scheidebogen im Segment über dem Gesims je eine Blende an, hinter der der blaue Himmel mit Wolken sichtbar ist".

Es könnte sein, dass diese Gewölbeflächen durch Vernachlässigung zerstört und zuletzt unkenntlich waren und die Wolkenfelder eine Notlösung geworden sind.

Bei der Orgel repräsentieren die Stichkappen den von David errichteten Sühneopfer-Altar auf der Tenne des Ornan (AT, 1 Chr 21,19–26) und eine Hand mit einem schwingenden Rauchfass (NT) den Zusammenhang von ‚Altem und neuem Bund, vgl. „Wie Weihrauch steige mein Gebet zu dir auf" (Ps. 141,2).

8.2.2. Die Göttlichen Tugenden

Hinter den drei Orgelteilen verbergen sich, für den Betrachter unsichtbar, vier Grisaillebilder, wiederum Indiz auf eine Veränderung ursprünglicher Gestaltung. P. Wilhelm Fink stellt dazu fest: „Die Bilder über den Pfeilern sind zum großen Teil von der Orgel verdeckt". Erneut Hinweis auf einen großen Orgelumbau <1736. (vgl. Anhang 3). Trotzdem sind diese vier Fresken von Interesse, denn sie stellen die

Abb. 8.2.12.: Hl. Cäcilia. Nh.

Abl. 8.2.13.: Sel. Wilhelm von Hirsau. Nh.

Göttlichen Tugenden Fides, Spes, Caritas (Glaube, Hoffnung, Liebe) dar; in symmetrischer Ergänzung die „Sophia", anspielend auf die Berichte der drei Töchter, die von ihrer Mutter Sophia bestattet wurden, ehe sie selber das Martyrium erlitt. In Kombination mit der übrigen Gestaltung tritt hier – wie bei Rauchopferaltar und Rauchfass – der Zusammenhang von Altem und Neuem Bund zutage.

8.2.3. *Seitenfresken*

8.2.3.1. Hl. Cäcilia – Musik

Hl. Cäcilia, Jungfrau und Märtyrin, an einer Orgel sitzend, traditionell elegant gekleidet als jugendlich zarte Jungfrau, die sie auch blieb nach ihrer Vermählung mit dem jungen Römer Valerianus. Dem strengen Konzept entsprechend müsste sie als weibliche Heilige auf die Epistelseite rücken. Doch ihr Gegenüber ist Wilhelm von Hirsau, „nur" ein Seliger, daher genießt sie das Privileg der Evangelienseite.

Abb. 8.2.14.: Sel. Wilhelm von Hirsau, Detail. Nh.

Ihre Beliebtheit ist weit größer als das, was man aus ihrem Leben weiß. Ihre Lebensgeschichte beruht auf einer legendären „Passio" aus der Übergangszeit vom 5. zum 6. Jahrhundert. Erst gegen Ende des Mittelalters wird Cäcilia – durch einen Übersetzungsfehler, wonach sie selber Orgel spielte – zur allseits respektierten Patronin der Kirchenmusik. In Deutschland wurde 1888 der „Allgemeine Cäcilienverband" gegründet, der sich dem Stellenwert und der Bedeutung der Musik im Gottesdienst widmete. Zahlreiche Kirchenchöre haben sie als Patronin ihres Singens erwählt.

8.2.3.2. Sel. Wilhelm von Hirsau – Gesang

Sel. Wilhelm von Hirsau (~ 1030 – 1091).

An einem Notenpult sitzend, die Psalmverse vertonend:

„Ad te levavi animam meam, in te confido, Deus meus" [Zu dir erhob ich meine Seele, auf dich vertraue ich, mein Gott, Psalm 25,1]

Abb. 8.2.15.: Uhr auf der Epistelseite. Nh.

Daneben ein herunterhängendes Blatt:

„Alleluja, cantate canticum" [Alleluja, singt einen Lobpreis; abgewandelt Psalm 96,1 und 98,1: Cantate Domino canticum novum]

P. Wilhelm Fink findet das übrige Beiwerk „befremdend"[213]. Wilhelm von Hirsau begnügte sich allerdings nicht nur mit Schriften über die Musik, sondern erwies sich in allen Bereichen des Wissens gut bewandert, auch in den sog. „bildenden Künsten", alles könne zur Ehre Gottes beitragen:

Malerei – Palette, Staffelei, Bildentwürfe;
Plastik – Kopf, aus Gips modelliert;
Architektur – Bauplan;
Holzschnitzerei – Schnitzmesser.

8.2.3.3. Die Uhr als Zeitmesser

Eine Uhr, für gewöhnlich im Chorbogen oder in der Apsis, findet sich hier an einem ungewöhnlichen Platz, nämlich einem Bogensegment der Epistelseite. Der Einzige, der eine günstige Perspektive dazu hat, ist der Prediger auf der Kanzel. Die Uhr zeigte also vor allem dem Prediger die Zeit an. Es bleibt auch hier zu vermuten, dass die Erhöhung beim Orgelumbau durch Quirin Weber von <1736 eine sonst übliche Uhr als Bekrönung des Orgelprospektes unmöglich machte und diese an die Seitenwand verdrängte (vgl. Anhang Nr. 3).

213 Fink, Kirche 1920, 46.

Abb. 9.1.1.: Neuer Uttoschrein von Leser, Straubing. Nh.

9. Die Kirche als Grablege

9.1. Grabdenkmal und Reliquien des seligen Utto

Von Anfang an war hier auch die Grabstätte des seligen Gründungsabtes Utto und das ist sie trotz verschiedener Umbauten und Verlegungen bis heute geblieben. 1303 erfahren wir erstmals von einem Uttograb aus einem Wunderbericht. Bruder Berthold, Mönch des Klosters St. Emmeram in Regensburg, erlangt am Grab des Seligen das Gehör, was zu einem Aufschwung einer gläubigen Wallfahrt führt. „Eine Beschreibung des Grabmals wird nicht gegeben. Jedenfalls stammte es noch aus der romanischen Zeit, da im 15. Jahrhundert ein neues im gotischen Stil errichtet wurde“[214]. In der romanischen Kirche war es wohl bald hinter dem Lettner bzw. Kreuzaltar errichtet, denn die Apsis war noch verkürzt. Das gotische Grabmal in der verlängerten Apsis wurde ein Hochgrab, aufgestellt in der Mitte der gotischen Apsis, das wäre die Linie des heutigen Hochaltars. Die Deckplatte mit der lebensgroßen Statue aus Granit ist noch vorhanden. Abt Utto trägt Pontifikalgewandung (ohne Mitra), ehemals einen einfachen Holzstab in der linken Hand, in der Rechten ein Buch (gemeint ist wohl die Ordensregel des hl. Benedikt). „Die Gesichtszüge sind edel, ein wenig individuell, der Faltenwurf reich, aber streng symmetrisch. Statue und Platte tragen noch Spuren rötlicher Bemalung“[215]. Die abgeschrägte Platte trägt in gotischen Minuskeln die Inschrift:

> *„Abbas hic primus utho nec laudibus ymus . hic iacet ut limus . celis requiescat opimus . qui tempore magni karoli transisse narratur“.*

Reste von eisernen Stützen wiesen ehedem auf ein erhöhendes Gitter hin, hinter dem die Gebeine aufbewahrt wurden. Pater Bernhard Ponschab schließt aus Bestandteilen der Inschrift des gotischen Grabmals zurück auf die romanische Konstruktion.

Die Bemühungen um Kultanerkennung der beiden Gründerseligen Gamelbert und Utto unter Abt Christoph Guetknecht (1628–1645) blieben wegen der Wirren des 30-jährigen Krieges unvollendet.

---

214 Ponschab, Utto und Gamelbert 1910, 5. – Kaufmann, Chronik 2016, 115.
215 Ponschab, Utto und Gamelbert 1910, 6.

Die „Wanderschaft" des Uttograbes und der Reliquien in chronologischer Folge

1646 Abt Maurus Lauter (1645–1650) lässt mit Genehmigung des Bischofs Albert IV. von Regensburg (1613–1649) Uttograb und Uttoreliquien von der Mitte des Chores auf die Evangelienseite versetzen, der Hochaltar wird aus der Apsis an die Stelle des bisherigen Uttograbes gerückt[216].

1688 Die Reliquien gelangen in einer Zinntruhe in die Rückwand des Hochaltars, die Schauseite vom rückwärtigen Chorgestühl.

1717 Infolge der Umbauarbeiten unter Abt Roman II. Märkl müssen die Uttoreliquien aus der Hochaltarwand genommen werden und sie gelangen in einen altarähnlichen Aufbau auf der Evangelienseite. In einer Glasvitrine liegt ein hölzernes Skelett, bekleidet mit Chorrock und Mozetta, im Hintergrund der Uttostab.

1884 Errichtung eines Chorgestühls auf der Evangelienseite. Das steinerne Grabmal muss weichen, es wird in den Kreuzgang versetzt. Für die Glasvitrine wird eine Mauernische ausgebrochen. Das Reliquienkästchen darunter ist jetzt vom Gestühl verdeckt. Von jetzt an sind Grabmal und Reliquien voneinander getrennt.

1898 Das Chorgestühl wird zugunsten des Pontifikalthrones auf die Epistelseite verlegt, jetzt ist auch die Reliquiennische wieder sichtbar.

1900 Das Uttograbmal wird aus einer Mauernische bei der Wintersakristei in die Nähe des Refektoriumseingangs unter das Kreuz versetzt. 2015 wird es von der Wand weggerückt.

1910 Im Rahmen der Kultanerkennung der Seligen Gamelbert und Utto wird aus der Glasvitrine das Holzgerippe (mit Reliquienstaub in der Stirn) entfernt, stattdessen steht hier nun ein von Jakob Leser, Straubing, angefertigter Schrein. Dieser bleibt auch an Ort und Stelle – und sichtbar – als 1940 ein neues Chorgestühl anstelle des Pontifikalthrones erstellt wird.

---

216 „Hic D. Abbas transtulit etiam ven. Reliquias B. Uttonis I. Abbatis nostri, e medio anterioris (ubi moderna stat ara suma) ad parietem sinistrorum e cornu Evangelii, e quo loco amota nunc in posteri choro adlocantur". Märkl 1649. – Kaufmann, Chronik 2016, 271.

Abb. 9.1.2.: Uttobaldachin. Nh.

1943 Im Zuge der Innenrenovierung entwirft P. Clemens Gietl nach römischen Vorbildern ein Altarpodest auf dem Marienaltar, worauf seither der Uttoschrein platziert ist.

9.2. Äbte- und Konventbegräbnisse (vgl. Anhang 2)

Im romanischen Langhaus befand sich die Grabstätte des Abtes Konrad von Auerbach (1287–1297), dessen Grabstein noch bis 1884 – bis zur Verlegung eines neuen Pflasters – sichtbar war. Seine Inschrift lautete: „hic jacet F. Chunradus de Aurbach, Abbas hujus loci ob. in die S. P. N. Benedicti A. D. MCCXCVII. Ora pro eo“[217].

In der romanischen Kirchenapsis wissen wir vom Begräbnis des Abtes Petrus I. (1389–1427). Er war postuliert aus der Abtei Oberaltaich

217 Mittermüller 1856, 55.

Abb. 9.1.3.: Äbtegräber. AAM. Repro Nh.

und starb nach 38 Jahren am Weihnachtsfest 1427. Brusch beschreibt Grab und Grabstein an der rechten Seite der romanischen Chorapsis[218] gelegen, heute zu lokalisieren im Zwischenraum der inneren und äußeren Sakristeitür auf der Epistelseite. Das Konventbegräbnis lag zur romanischen Zeit im südlichen Choranbau. Seit den gotischen Chorumbauten liegt es im Freien, aus Pietät immer noch erkennbar an einem Pflanzenrondell.

Während bisher zumeist Marien- und Benediktuskapelle, beide dem Kreuzgang anliegend, als Grabesruhen dienten, findet Abt Petrus Vältl (1446–1459) in der von ihm erbauten gotischen Apsis vor dem neuen Hochaltar seine letzte Ruhestätte[219]. Der Nachfolger Abt Johannes Höpfl (1459–1479) baute das romanische Langhaus zu einem gotischen Kirchenschiff um. So war es wohl aus Pietät vorgegeben, dass er als erster im Mittelgang der neu gestalteten Kirche sein Begräbnis fand[220]. Sein Nachfolger Abt Pankratius Kammerer (1479–1495) wurde neben oder anschließend an seines unmittelbaren Vorgängers Grab bestattet[221]. Die folgenden fünf Äbte wiederum fanden ihre letzte Ruhe vor dem gotischen Hochaltar in der Apsis: Abt Oswald Mayr (1496–1515)[222], Abt Wolfgang Altmann (1515–1526)[223], Abt Wolfgang Häberlin (1526–1535)[224], Abt Karl Dorn (1535–1537)[225] nahe dem Sakristeieingang, und Abt Leonhard Ortmayr (1537–1542)[226]. Demnach befanden sich sechs Äbtegräber vor dem Hochaltar der gotischen Apsis, vermutlich in zwei Dreierreihen; es ist der Bereich der heute barocken Sakristei. Die im Boden eingelassenen Grabmäler wurden nicht – wie gelegentlich erwähnt – in der ersten Phase der Barockisierung unter Abt Roman II. Märkl (1706–1729) entfernt. Abt Maurus Lauter (1645–1650)

218 „Sepelitur in dextra Chori abside, memoriali saxo in pariete collocato". Brusch 1692, 31.

219 „Sepelitur ante aram maximam Chori pulcherrime a se renovati et sedilibus novis illustrati". Brusch 1692, 31.

220 Sepelitur in media Ecclesia". Brusch 1692, 31.

221 „Sepelitur in media Ecclisia prope vel infra porius Antecessorem". Brusch 1692, 31.

222 „Sepelitur ante aram Chori maximam". Brusch 1692, 32.

223 „Sepelitur in Chroro ante aram maximam". Brusch 1692, 32.

224 „Sepelitur prope Antecessorem in Choro". Brusch 1692, 32.

225 „Sepelitur prope Antecessorem ante aram Chori maximam". Brusch 1692, 32. – „Sepultus pone ianuam in Sacrestia nova" AAM, Märkl 1537.

226 „Sepelitur in Choro prope antecessorem". Brusch 1692, 33.

ließ <1646 bei gleichzeitiger Niederlegung des Lettners den gotischen Hochaltar aus der Apsis herausschieben, in dessen Linie später auch der barocke Hochaltar aufgestellt wurde. Zeitgleich verwendete er – die sechs Grabmäler aus der alten Apsis entfernend – dieselben als Stufen für den Hochaltar[227].

Sobald die gotische Apsis voll belegt war, begann man, nach den schon erwähnten Äbten Johannes Höpfl und dessen unmittelbarem Nachfolger Pankratius Kammerer, vorwiegend im gotischen Langhaus zu bestatten: Brusch berichtet noch von den Äbten Johannes Edmayr (1544–1548)[228] und Oswald Mayr (1548–1569)[229], ihre Gräber bzw. Denkmäler seien inmitten der Kirche.

Grabdenkmäler – jetzt im Kreuzgang – für Abt Christoph Guetknecht (1628–1645) und Abt Jakob Schleich (1658–1668) befanden sich ehemals in der gotischen Kirche, ohne einen sicheren Platz angeben zu können. Als Grabstelle für Abt Roman I. Schäffler (1668–1686) darf man jene nur mehr schlecht zu entziffernde Bodenplatte rechts des Marienaltars annehmen; einige restlich erkennbare Buchstaben lassen sich zu einem „Romanus“ ergänzen[230]. Sein Nachfolger Abt Benedikt I. Ferg (1686–1706) ruht nicht weit weg von ihm vor dem Sebastianaltar, aufgefunden und neu bestattet bei Errichtung einer Äbtegruft 1977.

Auch die ab Anfang des 18. Jahrhunderts umgestaltete Kirche bleibt Begräbnisort für die Äbte, allen voran für Abt Roman II. Märkl (1706–1729). Er findet seine letzte Ruhestätte beim Eingang der Kirche[231]. Die ihm gewidmete Bodenplatte nannte ihn ausdrücklich *„ecclesiae restaurator“*, ist aber längst abgetreten und jeder Besucher setzt unbewusst

227 „Chorum quoque marmore stravit, et pro gradibus altaris adplicavit lapides sepulchrales Antecessorum“. AAM, Stöckl 1646. – Mittermüller 1856, 169. – Kaufmann, Chronik 2016, 272. – Leider geschah bei der Renovierung Anfang des 21. Jahrhunderts keine detaillierte Dokumentation, bevor die teilweise bereits herausgehobenen Stufen wieder eingesetzt wurden.

228 „Sepelitur in media Ecclesia principali, quam Monasterium vocant“. Brusch 1692, 33.

229 „Fecit erigi Sibi, me Authore, saxum cum tali Epigraphe memoriali…“. Brusch 1692, 33.

230 „Sepultus est 25. [Sept. 1686] in abside nostri templi prope aram D. Sebastiani M. ubi prostat Epitaphium Pastori vigilantissimo positum“. AAM, Märkl 1686.

231 „Sepultus est in introitu ecclesiae intra sacella SS. Andreae et Laurentii“. AAM, Stöckl, Series. Grabinschrift: “Depositum Romani Abbatis, hujus ecclesiae restauratoris, ob. 10. April 1744 aet. 85”. Mittermüller 1856, 207.

seinen Fuß über das Grab des Abtes, welcher der Kirche ihr spätbarockes Gewand verliehen hat. Für seinen nur kurz amtierenden Nachfolger Abt Benedikt II. Höld (1729–1730) befand sich ehemals die Gedenkplatte links des Kreuzaltars[232]. Nach ihm wird Abt Augustinus II. Ostermayer (1730–1742) auf der Epistelseite des Marienaltars zur letzten Ruhe gebettet[233]. Die Äbte Kolumban Gigl (1744–1752)[234] und Adalbert Tobiaschu (1752–1770) ruhen – verbürgt durch Augenzeugen des 19. Jahrhunderts – im Mittelgang[235]; lediglich seit Neuverlegung des Kirchenpflasters sind deren Gedenkplatten nicht mehr an Ort und Stelle. Die Erinnerungsplatte an Abt Adalbert gelangte auf unbekannten Wegen in den Antiquitätenhandel und wurde 1990 zurückgekauft; seither befindet sie sich fest eingelassen in die Mauern des westlichen Kreuzganges[236]. Verbürgt ist auch die Grabstätte von Abt Lambert Kraus (1770–1790) unmittelbar an der Mittelstufe der Kommunionbank[237].

Die Säkularisation 1803 blockierte das Kirchenbegräbnis des letzten Abtes Cölestin Stöckl (1791–1803 / 1807). Ihm wurde zumindest ein Grab direkt an der Außenmauer der Andreaskapelle gewährt.

Durch die Berufung des ersten Abtes Gregor Scherr (1840–1856) zum Erzbischof von München und Freising (1856–1876) ergab sich erst nach dem Tod von Abt Utto Lang (1856–1884) nach 94 Jahren die Frage nach einem Begräbnis in der Kirche, die zu dieser Zeit in staatlicher Oberhoheit lag; nach Genehmigung fand Abt Utto seine letzte Ruhe rechts des Marienaltars, wo schon vor ihm die Äbte Roman I. Schäffler und Augustinus II. Ostermayer bestattet worden waren. Beim Ableben von Abt Benedikt III. Braunmüller (1884–1898) war die Kirche Eigen-

232 „Depositum Benedicti II. Abbatis hujus loci die 22. Junii 1730". AAM, Stöckl, Series 1730, 46. – Mittermüller 1856, 209. – Kaufmann, Chronik 2016, 344.

233 Inschrift: „Depositum Augustini II. Abbatis hujus loci, ob. die 15. Sept. 1742". – „Sepultus est penes altare B.M.V." AAM, Stöckl, Series 1742. – Mittermüller 1856, 214. – Kaufmann, Chronik 2016, 351.

234 Grabinschrift: „depositum Columbani I. hujus monasterii abbatis. aet. 66. reg. 9. ob. 5. Sept. 1752". Mittermüller 1856, 218.

235 Mittermüller 1856, 218 und 231, Anm. 592.

236 Inschrift: „Depositum Reverendissimi Domini Domini Adalberti I. hujus loci Abbatis libere resignati aet. 76. regim. 18. ob. die 22. Sept. 1771". Mittermüller 1856, 231, Anm. 592.

237 Inschrift der Grabplatte: „Depositum Reverendissimi Domini, Domini Lamberti I. hujus loci Abbatis LXIV. aet. 63. dignit. abbat. XX. ob 27. Nov. 1790". Mittermüller 1856, 243, Anm. 614. – Fink, Bestattungen 1954.

tum der Katholischen Pfarrkirchenstiftung Metten, die ihre Einwilligung zur Bestattung rechts des Kreuzaltares erteilte. Links vom Marienaltar öffnete sich 1935 das Grab für Abt Willibald Adam (1905–1929), sein Nachfolger Abt Corbinian Hofmeister (1929–1966) ruht rechts des Marienaltars. 2010 erhielt der ehemalige Abt (1966–1971) und zuletzt emeritierte Kurienkardinal Augustinus Mayer neben der Grablege von Abt Willibald Adam seine letzte Ruhestätte. Aus den Erfahrungen beim eiligen Ausheben des Grabes von Abt Corbinian Hofmeister ließ Abt Emmeram Geser (1971–1989) als damaliger Augenzeuge vorsorglich eine Vier-Kammer-Gruft vor dem Sebastiani-Altar anlegen, wo er selber am 28. Dezember 2021 seine letzte irdische Ruhe fand. Bemerkenswert ist hierbei, dass von jetzt an die jahrhundertelange traditionelle Bestattungsrichtung der Äbtegräber nicht mehr von Ost nach West, sondern vom Seitenaltar ausgehend, von Süd nach Nord angelegt ist.

9.3. Grabkapellen der Forster (Vorster) und Degenberger

Stammsitz der Vorster als Ministerialen der Grafen von Bogen war die längst abgegangene Turmhügelburg und jetzige Einöde „Wildenforst" nördlich von Neuhausen, Gemeinde Offenberg. Dietrich von Forst erbaute <1291 eine Grabkapelle zu Ehren des Apostels Andreas, zu lokalisieren bei der heutigen sog. Taufkapelle beim Eingang zur Kirche[238]. Nachrichten über die einzelnen Begräbnisse in den kommenden 173 Jahren sind spärlich. 1387 starb Hartwich der Forster, der unter die Wohltäter des Klosters eingereiht wurde[239]. Das Ableben des letzten Forsters Erhard von Wildenforst 1464 lässt sich nachweisen, auch der Grabstein (in den Kreuzgang versetzt) ist vorhanden: „Anno Domini 1464 pridie Idus Februarii obiit nobilis ac strenuus m…[miles?] forstar ultimi progenici hic sepultus, cujus anima requiescat in pace"[240].

Umfangreicher sind wir für 123 Jahre über die Begräbnisse der Degenberger informiert, des einst mächtigsten reichsfreien Rittergeschlechtes im Bayerischen Vorwald. Brusch lässt bei seinen Beschreibungen der Äbtegräber auch deren Todesfälle und Bestattungen in der von ihnen 1315 erbauten Laurentiuskapelle rechts des Kirchenein-

238 MB XI, 368. – Mittermüller 1856, 52, auch Anm. 174.
239 Mittermüller 1856, 279.
240 Brusch 1692, 31. – Mittermüller 1856, 110.

gangs einfließen. So erwähnt er für 1315 den Tod des Erbauers Eberwin von Degenberg[241] und erwähnt 1324 Wittmar von Degenberg[242]. 1348 meldet er den Tod der Frau Petronella und 1385 des Johannes von Degenberg, eines Verwandten des Abtes Altmann aus einer Nebenlinie der Degenberger[243]. 1393 wurde Friedrich, 1438 dessen Sohn Wiguläus Gewolf von Degenberg in der Familienkapelle bestattet. Mit ihm erlosch die direkte Linie des Erbauers Eberwin[244].

Der Vollständigkeit halber sei angefügt, dass die Dorf- und Friedhofskirche St. Martin – gegenüber der Klosterkirche, abgebrochen 1807 – Familiengrabstätte der nahe ansässigen Egger war. Georg Aichinger findet dafür romantische Gedanken:

> „Drei eigene Kapellen bestehen also nun bereits in Metten als die letzten Ruheorte ebenso vieler berühmter und mächtiger Rittergeschlechter. Nach einem Leben voll Kampf und Streit, voll Unruhe und Aufregung werden die geharnischten, eisernen Männer aus ihren Burgen getragen und im Kloster zur Gruft gesenkt: hier ruhen sie aus im stillen Gottesfrieden des Heiligthums und harren fröhlicher Urständ"[245].

241 Brusch 1692, 29.

242 Brusch 1692, 29. – Oswald 1931, 12, reiht 1323 einen „Witwar" von Degenberg und dessen Gemahlin Kunigunde unter den Degenbergern unbekannter oder ungewisser Herkunft ein.

243 Brusch 1692, 30. – Mittermüller 1856, 77.

244 Über die verzweigte Genealogie der Degenberger vgl. Oswald Gotthard 1931, 5–11. – Die nachkommenden Degenberger waren Anführer in den sog. „Böcklerkriegen" der Ritterschaft gegen den Herzog 1468 und 1488. Im ersten Krieg wurde ihre Burg zerstört und durfte nie wieder aufgebaut werden. Von da an wurde das nahegelegene Schwarzach neue Niederlassung.

245 Aichinger 1859, 43–44.

10. Schlussbetrachtung: „Ecclesia semper restauranda“

Nach Abschluss der gotischen Umbauten waren die Äbte Maurus Lauter, Roman I. Schäffler, Benedikt I. Ferg und in besonderer Weise Roman II. Märkl bemüht, die tridentinischen Konzilsbeschlüsse mit barockem Zeitgeschmack zu verquicken. Wer die Kirche heute betrachtet, wird sich mit den damaligen liturgischen Festlegungen befassen. Damals selbstverständlich gestalterische Elemente sind seit dem Zweiten Vaticanum weitgehend funktionslos geworden, darunter der Hochaltar, die Nebenaltäre, die Kanzel und die Kommunionbank. Bei der Frage, was denn insgesamt noch „original“ vorhanden sei, wird man manche Zutaten entdecken, die ursprünglich nicht vorgesehen waren, z. B. das beiderseitige Chorgestühl im Altarraum, dann der sog. Volksaltar und der Ambo als neuer Verkündigungsort. Es gibt aber auch Lücken hinzunehmen, darunter die fehlenden Altäre in den beiden ersten Seitennischen und die Altäre in den Eingangskapellen. Nicht nur das Orgelwerk, sondern auch der gesamte Orgelschrank, erzählen von weitreichenden Veränderungen, über welche der eindrucksvolle Prospekt hinwegtäuschen kann.

Die Barockarchitekten haben den natürlichen Lichteinfall gestalterisch mit einbezogen. Sie haben die vielfarbigen Fenster und Rosetten vermieden und das klare Licht in den Kirchenraum gelassen. Die Mettener Kirche erhielt aus allen Himmelsrichtungen ihr Licht, bis einige für heute beinahe selbstverständlich scheinende Veränderungen vorgenommen wurden: Der schmale Durchlass zwischen Hochaltar und Mönchschor wurde mit Bleiverglasung versehen, um sich beim Chorgebet im Winter vor der grimmigen Kälte aus der Kirche zu schützen. Vorher gelangte zumindest ein helleres Morgenlicht in den Altarraum.

Auch der Licht- und Sonneneinfall zum Altarraum erfolgt seit 1906 später, da mit dem Aufbau des Südtraktes für einen Winterchor die Sonne einen längeren Weg in die Kirche vor sich hat.

Die Beseitigung des gotischen Kreuzganges auch im Westen gewährte ab 1880 zwar eine sichere Statik für das neu aufgesetzte zweite Stockwerk, tilgte aber gleichzeitig den gesamten Lichteinfall durch das vierte und letzte nördliche Kirchenfenster.

Um für das größere Orgelwerk und den „Studentenchor" seit dem 19. Jahrhundert ausreichend Platz zu schaffen, wurde die ursprünglich frei stehende Orgel mit geschlossener Rückwand möglichst weit an die Wand gerückt, die nun schräg gestellten Seitenwände des Hauptschrankes unmittelbar in die Fensterkanten gesetzt und das mittlere Fenster verdunkelt; Eine völlige Abdunkelung im mittleren Bereich wurde 1988 zumindest für einen Lichteinfall zum darüberliegenden Gewölbebogen zu mildern versucht.

Einem neubarocken Trend folgend, wurden im Presbyterium Farbfenster eingesetzt, was infolge der Kriegsschäden und einer Restaurierung wieder korrigiert wurde.

Zum ersten großen Bauabschnitt gehört zweifelsfrei das Hochaltarbild von Cosmas Damian Asam, für 500 Gulden quittiert am 30. September 1715. Für die zweite Bauphase wird im Zusammenhang mit der Gründung und Einführung der Rosenkranzbruderschaft 1725/1726 das sog. „Rosenkranzblatt" am Marienaltar, Cosmas Damian Asam zumindest zugeschrieben – erstmals von Meidinger 1790. Die übrigen Altarbilder stammen durchwegs relativ spät erst aus der Zeit nach Abt Roman II. Märkl, folglich nach der Kirchenkonsekration 1729. Unter Abt Columban Gigl signiert 1745 Martin Speer „inv. et pinxit 1745" das Bild für den Sebastiani-Altar; er liefert auch für den Kreuzaltar das Bild vom sterbenden Heiland, für den Stephanusaltar und für den Petrusaltar.

Das Gemälde für den Benediktusaltar 1769–1771 vom Hofmaler Christian Winck ist das jüngste, angeschafft unter Abt Lambert Kraus. Die vorhandenen Seitenaltarbilder stammen folglich mit Ausnahme des Marienbildes nicht aus der unmittelbaren barocken Gestaltungsphase unter Abt Roman II. Märkl, dem die zu seiner Zeit gelieferten Bilder nachweislich nicht gefallen haben, ohne eine genaue Begründung für seine Ablehnung zu hinterlassen. So gesehen legt sich die Vermutung nahe, dass außer dem Michaelsbild im Hochaltar und dem Marienbild im rechten vorderen Seitenaltar auch die Bilder für die übrigen fünf Seitenaltäre von Asam gewesen wären. Das Missfallen an der ersten Bilderserie scheint allgemein und anhaltend gewesen zu sein. Denn erst in zweiter Phase liefert 1745 Martin Speer unter dem dritten Nachfolger von Abt Roman II. die Bilder zum Kreuz-, Sebastian-, Stephanus- und Petrusaltar. Möglicherweise ist lediglich das Benediktusbild aus der Zeit von Abt Roman II. vorerst verblieben, bis Abt Lambert

Kraus auch hier bei Hofmaler Christian Winck ein neues bestellte. Mitte des 19. Jahrhunderts erfolgte der Austausch aller Seitenaltar-Bilder, ausgenommen dem Benediktusbild. Zum Glück wurden aber die Barockbilder nicht vernichtet, sondern konnten im 20. Jahrhundert wieder an ihrem ursprünglichen Platz zu Ehren gebracht werden.

Der Besucherblick wird in einer barocken Kirche nach vorne gelenkt, aber er wird schon vor dem Eintreten darauf vorbereitet, was ihn erwartet: ein heiliges Haus zur Ehre Gottes. Sein Blick wird drinnen sofort auf den Hochaltar und auf den Tabernakel gelenkt, vorher aber in der noch dunkleren Vorhalle rücksichtsvoll angeleitet zu einem langsamen Voranschreiten. Auf seiner Ebene wird er gleich eingeladen zum Weihwasserbecken, damit er sich erinnert an die Taufe. Erst nach dem Durchschreiten des großen Eingangsgitters erinnern die Beichtstühle in den ersten Seitenkapellen an das zweite Initiationssakrament. Jetzt ist auch der Blick wirklich frei zum Tabernakel im Hochaltar. Taufe, Beichte, Kommunion als Grundlagen für den weiteren Weg. Das Wichtigste ist schon geschafft, alles Übrige erschließt sich erst in geduldiger Betrachtung und vor allem nur im schrittweisen Vorangehen, so etwa die Seitenaltäre, die man vom Eingangsgitter aus noch gar nicht oder nur teilweise wahrnimmt.

Eine erste Leserichtung kann also vom westlichen Ende der Kirche zum östlich gelegenen Hochaltar erfolgen. Ist diese verinnerlicht, empfiehlt sich ein Betrachtungsweg ausgehend vom Hochaltar zu den Seitenaltären, dort aber im traditionellen, allerdings bei Kirchenführungen weitgehend vernachlässigten Blickwechsel von der Evangelien- zur Epistelseite. Wir könnten auch einteilen in die Zeit des Neuen Testamentes und in die Zeit der Kirche: Jesus am Kreuz – seine Mutter Maria; der heilige Diakon und Erzmärtyrer Stephanus – der heilige Soldat Sebastian; der Missionsauftrag in die Welt – der heilige Benedikt für die „Kirche im Kleinen“; einen Anhang bilden die folgenden zwei Nischen mit den Beichtstühlen: Tod des hl. Josef (Sterbesakramente mit Sündenvergebung) – Taufe Jesu, das Lamm, das die Sünde der Welt hinwegnimmt.

Abkürzungen

AAM	Archiv der Abtei Metten
ActSanct	Acta Sanctorum
AJM	Alt und Jung Metten, Hauszeitschrift des Klosters Metten seit 1926
Boll	Bollandiana
MB	Monumenta Boica, Band XI.
PfrA Mtt	Pfarrarchiv Metten
SMGB	Studien und Mitteilungen zur Geschichte des Benediktinerordens und seiner Zweige
VHVN	Verhandlungen des Historischen Vereins in Niederbayern
VHVO	Verhandlungen des Historischen Vereins der Oberpfalz
<	siehe früher
>	siehe später

Archivalien

AAM

Mettener Urkunden 1345–1848:
- U 129, U 130, U 131, U 135, U 193, Rosenkranzbruderschaft
- U 143, Privileg für Benediktaltar
- U 155, U 170, Herz-Jesu-Bruderschaft
- U 93, U 140, Sebastiani-Bruderschaft und Reliquien

Mtt I, 18, Rechnungen zur Klosterkirche, vorw. 18. Jahrhundert
Orgelmaterialien (Sammlung)
Series Abbatum von Abt Roman II. Märkl
Verzeichnis der Stifter und Wohltäter

BayHStA

KL 336/4
Inventar der Klosterkirche Metten, 7. April 1803.

Literatur

Adam Adolf, Wo sich Gottes Volk versammelt. Gestalt und Symbolik des Kirchenbaus, Freiburg im Breisgau 1984.

Aichinger Georg, Kloster Metten und seine Umgebungen, Landshut 1859.

Auer Alois, Die Mettener Stiftsorgel erzählt. AJM 55, 1988/89, 231–243.

Auer Susanne, Geschichte der Mettener Stiftskirchenorgeln seit 1726. Zulassungsarbeit, München 1997 (Manuskript).

Bachmeier Hansjürgen, Damit in allem Gott verherrlicht werde. Feierliche Weihe der Mettener Orgel, 7. Mai 1989. AJM 55, 1988/89, 246–248.

Baethgen Friedrich, Der Engelpapst. Idee und Erscheinung. Leipzig 1943.

Beck Josef, Zu den kirchlichen und weltlichen Terminen des Kirchweihfestes in Bayern. AJM 89, 2022/23, 231–255.

Beinert Wolfgang / Petri Heinrich (hrsg.), Handbuch der Marienkunde. Regensburg 1984.

Benz Richard, Die Legenda aurea des Jacobus de Voragine. Aus dem Lateinischen übersetzt. Heidelberg, 9. Auflage, 1979.

Bodemann Stefan, Der musizierende und tanzende David in der italienischen Malerei des 16. und 17. Jahrhunderts. Tholos Kunsthistorische Studien, hg. Georg Satzinger, Band 8. Münster 2015.

Böhm Karl und Schmotz Karl, Auf den Spuren früher Kirchen im niederbayerischen Gäu. Beiträge zur Geschichte mittelalterlicher Sakralbauten. Vorträge zum 14. Niederbayerischen Archäologentag, Deggendorf 1996, 225–281.

Brenninger Georg, Orgeln in Altbayern. München 1978.

Dammertz Viktor Josef, Unter der Führung des Evangeliums. Christliches Leben im Geist des heiligen Benedikt. Vortrag bei der Jahresversammlung des Vereins für Augsburger Bistumsgeschichte, Augsburg, Haus St. Ulrich, 3. Dezember 2011. Benediktinerabtei St. Ulrich und Afra in Augsburg (1012–2012). Festschrift zum tausendjährigen Jubiläum, III. Nachtrag, hg. Thomas Groll, Augsburg 2012.

Dehio Georg (Begr.), Handbuch der deutschen Kunstdenkmäler. Bayern II: Niederbayern, München 1988.

Dinzelbacher Peter, Mittelalterliche Frauenmystik. Paderborn 1993.

Ebner Adalbert, Die Glocken und Glockengießer von Straubing. Sammelblätter zur Geschichte der Stadt Straubing 15, 1882, 58–59; 16, 1882, 62–63.

Fink Wilhelm, Die Mettener Stiftskirche. Ihre Geschichte und ihre Kunst. Beilage zum Jahresbericht des humanistischen Gymnasiums Metten für das Schuljahr 1919/20. Deggendorf 1920.

Fink Wilhelm, Beiträge zur Geschichte der bayer. Benediktinerkongregation. Eine Jubiläumsschrift 1684–1934. SMGB, 9. Ergänzungsheft, Metten 1934.

Fink Wilhelm, Geschichte der Anlage von Kirche und Kloster der Benediktinerabtei Metten. SMGB 55, 1937, 230–258.

Fink Wilhelm, Orgelstudien, aus Anlaß der Erneuerung unserer Orgel in der Stiftskirche. AJM 24, 1957/58, 113–119.

Fischer Hermann, Wohnhaas Theodor, Der Orgelmacher Johann Konrad Brandenstein. Jahrbuch für fränkische Landesforschung, Band 39, 1979.

Fischer Hermann/ Wohnhaas Theodor, Die Orgeln der Benediktinerabtei Weltenburg, 282–296, in: Schwaiger Georg (hg.), Kloster Weltenburg, Geschichte und Gegenwart, Weißenhorn 2014.

Fohrer Georg, Die symbolischen Handlungen der Propheten. Abhandlungen zur Theologie des Alten und Neuen Testaments, Band 54, Zürich 1968.

Friedrich Verena, Benediktinerabtei Metten. Kirche, Bibliothek, Festsaal. Passau 1995.

Guardini Romano, Von heiligen Zeichen. Mainz 1992.

Guldan Ernst, Die Barockfresken der Stiftskirche Metten an der Donau. Jahrbuch des Bayerischen Landesamtes für Denkmalpflege. Forschungen und Berichte Band 27 für 1968 und 1969, München 1971, 127–155.

Halm Philipp Maria, Die Künstlerfamilie der Asam. Eine Beitrag zur Kunstgeschichte Süddeutschlands im 17. Und 18. Jahrhundert. München 1896. Die Asam'schen Arbeiten in der Klosterkirche zu Metten vgl. 23, 66, 70.

Hartig Michael, Die niederbayerischen Stifte, München 1939.

Heid Stefan (Hg.), Operation am lebenden Objekt. Roms Liturgiereformen von Trient bis zum Vaticanum II. Berlin 2014.

Herde Peter, Cölestin V. (1294). Peter von Morrone, der Engelpapst. Stuttgart 1981.

Hilz Anneliese, „Eine gantz neue Orgel in die Closter Kürchen". Zur Geschichte der 1735 in der Regensburger Minoritenkirche aufgestellten Brandensteinorgel. VHVO 145, 2005, 55–66.

Horstius Jacobus Merlo, Paradisus animae christianae, Köln 1644. Hier verwendet eine leichter lesbare Ausgabe von 1732.

Jakob Ingrid, Arbeiten der Gebrüder Asam im Landkreis Deggendorf und in seiner Umgebung. Deggendorfer Geschichtsblätter 3, 1983, 13–32.

Kaufmann Michael, Säkularisation, Desolation und Restauration in der Benediktinerabtei Metten (1803–1830), Metten 1993.

Kaufmann Michael, Für mehr Platz und gegen die Kälte. Vom langen Werdegang für einen Winterchor. AJM 88, 2021/22, 206–212.

Kaufmann Michael, Chronik der Abtei Metten 766–2016. St. Ottilien 2016.

Kneer Hans Peter, Zur Instandsetzung der Deckengemälde im Langhaus der Klosterkirche Metten. Jahrbuch des Bayerischen Landesamts für Denkmalpflege. Forschungen und Berichte Band 27 für 1968 und 1969, München 1971, 157–163.

Koch Wilfried, Baustilkunde, 27. Auflage, Gütersloh 2006.

Malottki Hans von (hrsg.), Kloster Seeon. Beiträge zu Geschichte, Kunst und Kultur der ehemaligen Benediktinerabtei (im Auftrag des Bezirks Oberbayern), Weissenhorn 1993.

Mehler Johann Baptist (Hrsg.), Der Heilige Wolfgang, Bischof von Regensburg. Historische Festschrift zum neunhundertjährigen Gedächtnisse seines Todes (31. Oktober 1894), Regensburg 1894.

Meidinger Franz Sebastian, Historische Beschreibung verschiedener Städte und Märkte der kurfürstl. Pfalzbaierischen Rentämter München, Burghausen, Landshut und Straubing, 2 Teile, Landshut 1790.

Mittermüller Rupert, Das Kloster Metten und seine Aebte, Straubing 1856.

Möbius Friedrich, Symbolwerte mittelalterlicher Kunst. Leipzig 1984.

Oswald Gotthard, Die Degenberger 996–1602.Schwarzach 1931.

Ott Katrin, Die Prophetischen Analogiehandlungen im Alten Testament. Beiträge zur Wissenschaft vom Alten und Neuen Testament, Band 185, Stuttgart 2009.

Poll Ildefons, Zur Glockenkunde im Bayerischen Wald. Der Bayerwald 1, 1911, 7–10.

Reinsch Armin, Die Glocken der Abtei- und Pfarrkirche St. Michael in Metten. Info Kirchenmusik 2017,1. Kirchenmusikalische Informationen der Diözese Regensburg. Im Wesentlichen orientiert an > Zimmermann Alfons.

Riedl Christine, Johann Adam Schöpf (1702–1772). Maler in Bayern, Böhmen und Kurköln. Leben und Werk. Jahresbericht des Historischen Vereins für Straubing und Umgebung 93, 1991, 123–372 [mit erwähnt sein Vater Jakob Schöpf (1665–1715), den Mettener Hochaltar betreffend].

Rüffer Jens, Mittelalterliche Klöster. Deutschland – Österreich – Schweiz. Leipzig 2009.

Schedl Barbara, Der Plan von St. Gallen. Ein Modell europäischer Klosterkultur. Böhlau, Wien…2014.

Schiefermüller Maximilian, Der Brand von 1865 und der Neubau des steirischen Benediktinerstiftes Admont, St. Ottilien 2023.

Schmotz Karl, Erste konkrete Hinweise auf die bauliche Entwicklung der Mettener Klosterkirche. AJM 61, 1994/95, 163–168.

Schmotz Karl, Die Mettener Klosterkirche im Mittelalter. Versuch einer Rekonstruktion. Deggendorfer Geschichtsblätter 22, 2001, 31–78.

Schraudner Ludwig, Der Glockentribut der ständischen Klöster Altbayerns im Jahr 1803. VHVN 59, 1926, 87–135.

Schwaiger Georg, Kirche und Kultur im barocken Bayern. Karl Meichelbeck 1669–1734, Festschrift zum 300. Geburtsjahr. SMGB 80, 1969, 7–20.

Senger Basilius, Sankt Benedikt, Prophet und Vater vieler Völker, Essen 1963.

Steger Hugo, David, Rex et propheta, Nürnberg 1961.

Spitzbart Günter, Beda der Ehrwürdige. Kirchengeschichte des englischen Volkes. Darmstadt 1997.

Stobitzer Hugo, Von Bayerns Glocken. Das Bayerland 31, 1920, 383–396.

Storch Walburga (Übersetzung), Hildegard von Bingen. Briefe, Epistolae. Hg. Abtei St. Hildegard, Rüdesheim/Eibingen, Beuron 2012.

Strobel Richard / Weis Markus, Romanik in Altbayern, Würzburg 1994.

Tauch Max, Zur Gestaltung des barocken Beichtstuhls im Bistum Regensburg. VHVO 110, 1970, 251–254.

Tremp Ernst, Der St. Galler Klosterplan. Faksimile, Begleittext, Beischriften und Übersetzung. St. Gallen 2014.

Tremp Ernst, Der St. Galler Klosterplan und die Aachener Klosterreform. Jakobus Kaffanke (hg.), Benedikt von Nursia und Benedikt von Aniane – Karl der Große und die Schaffung des „Karolingischen Mönchtums". Weisungen der Väter, Band 26, Beuron 2016.

Weisbach Werner, Der Barock als Kunst der Gegenreformation. Berlin 1921.

Wohlmuth Anselm, Die Außen-Renovierung unserer Pfarrkirche. AJM 4, Jubiläumsnummer 1930, 57–58.

Zimmermann Alfons Maria, Nova et vetera von den Mettener Glocken. AJM 15, 1948/49, 37–63.

ANHANG

Anhang 1: Übersicht über Ausmalung und Inventar

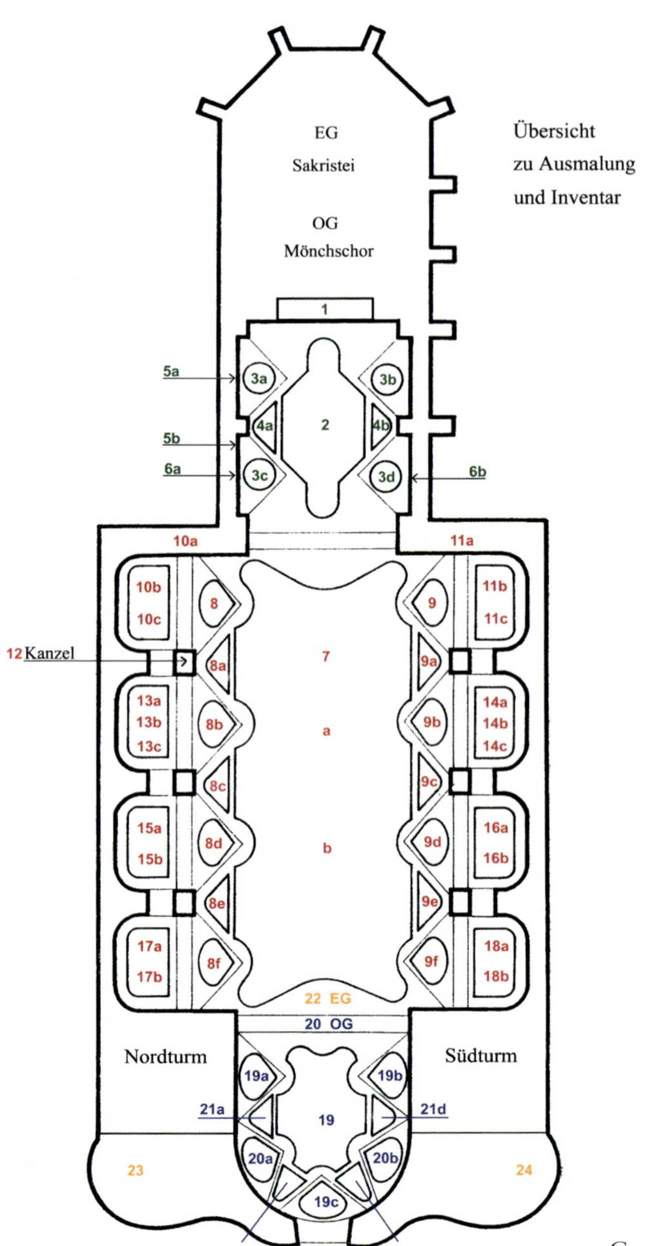

Graphik: Nh.

Übersicht zu Dekorplan und Ausstattung

Altarraum

1 Hochaltar „St. Michael"
2 Hauptfresko „Göttlicher Ratschluss für die Erlösung"
3 Kirchenväter
3a Ambrosius
3b Hieronymus
3c Gregor
3d Augustinus
4 Heilige
4a Cölestin V., Papst
4b Gertrud
5 Seitenfresken, Nordseite
5a Benedikt
5b Scholastika
6 Chorgestühl
6a Kaiser Karl d. Große mit Utto
6b Abtweihe des seligen Utto

Langhaus

7 Hauptfresko
a Benedikt als Prophet
b Propheten des Alten Bundes
8 Prophetisch begabte Männer
a, b Wolfgang
c, d Benno
e, f Malachias
9 Prophetisch begabte Frauen
a, b Lutgard
c, d Ediltrud
e, f Hildegard

Seitennischen und -gewölbe

10a Kreuz-Altar
10b Kreuzauffindung
10c Äbtegedenken
11a Marien-Altar
12 Kanzel
13a Stephanus-Altarbild
13b Verteidigung
13c Felician (Reliquienschrein)
14a Sebastian-Altarbild
14b Bekenntnis
14c Fortunat (Reliquienschrein)
15a Petrus-Altar
15b Jesu Abschied von den Aposteln
16a Benedikt-Altar
16b Benedikt besucht Scholastika
17a Beichtstuhl
17b Sterben des hl. Josef
18a Beichtstuhl
18b Taufe Jesu im Jordan

Empore (OG)

Hauptfresko
19 König David vor der Bundeslade

Inschriften

20 Kartusche zur Fortsetzung: „LAVDATE EVM IN SONO TVBAE. PS. 150 V.3"
20 a … in tympano
20 b … in chordis
20 c … in organo
21 a Feuerstelle mit Räucherwerk (AT)
21 b Rauchfass mit Weihrauch (NT)
22 Göttliche Tugenden (verdeckt)
22 a Fides (Glaube)
22 b Spes (Hoffnung)
22 c Caritas (Liebe)
22 d Sophia (Weisheit)

Eingangshalle (EG)

23 Kaiser Karl d. Große mit dem Einsiedler Utto
24 Tauf- bzw. Kreuzkapelle
25 Marienkapelle

Anhang 2: Begräbnisse in der Kirche

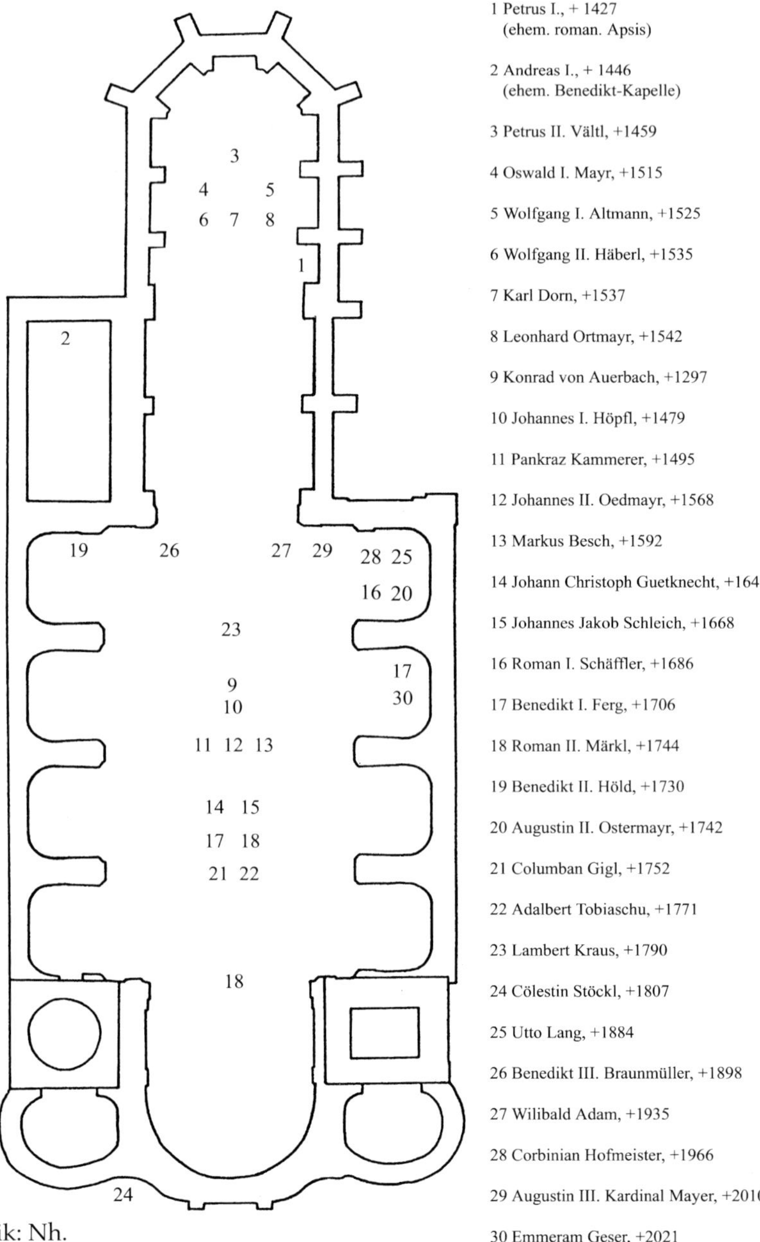

1 Petrus I., + 1427
(ehem. roman. Apsis)

2 Andreas I., + 1446
(ehem. Benedikt-Kapelle)

3 Petrus II. Vältl, +1459

4 Oswald I. Mayr, +1515

5 Wolfgang I. Altmann, +1525

6 Wolfgang II. Häberl, +1535

7 Karl Dorn, +1537

8 Leonhard Ortmayr, +1542

9 Konrad von Auerbach, +1297

10 Johannes I. Höpfl, +1479

11 Pankraz Kammerer, +1495

12 Johannes II. Oedmayr, +1568

13 Markus Besch, +1592

14 Johann Christoph Guetknecht, +1645

15 Johannes Jakob Schleich, +1668

16 Roman I. Schäffler, +1686

17 Benedikt I. Ferg, +1706

18 Roman II. Märkl, +1744

19 Benedikt II. Höld, +1730

20 Augustin II. Ostermayr, +1742

21 Columban Gigl, +1752

22 Adalbert Tobiaschu, +1771

23 Lambert Kraus, +1790

24 Cölestin Stöckl, +1807

25 Utto Lang, +1884

26 Benedikt III. Braunmüller, +1898

27 Wilibald Adam, +1935

28 Corbinian Hofmeister, +1966

29 Augustin III. Kardinal Mayer, +2010

30 Emmeram Geser, +2021

Graphik: Nh.

Anhang 3: Beobachtungen zu Orgel und Orgelumbauten

Seltene Perspektive 1988: Freier Blick zur Empore, 1725 vorbereitet für den Einbau der Orgel 1726. Th.

Nach näherer Betrachtung der Literalien und dem Erscheinungsbild von Orgel, Orgeltribüne und Empore bietet sich schlussfolgernd an, dass hier Veränderungen vorgenommen wurden, die nicht mehr der ursprünglichen Brandensteinanlage entsprechen. Ergänzend zu den chronologischen Notizen bietet sich die Feststellung an, das gesamte Orgelwerk sei in zwei entscheidenden Schritten gravierend umgebaut worden:

1. Der Prospekt bildete zusammen mit den evtl. leicht diagonal angefügten Seitentürmen eine einzige Front.
2. Das gesamte Orgelwerk stand bis <1736 mindestens 1,50 Meter tiefer.

Zu 1:

<1726 liefert Konrad Brandenstein von Stadtamhof eine neue Orgel. Die Empore war insgesamt dafür so vorbereitet, dass weder Stuck noch Fresken verdeckt werden sollen. Auch zieht sich der Mauerputz unter der jetzigen Tribüne bis hinunter zur bestehenden Ebene der heutigen „unteren Empore".

Zu 2: <1736 wird der Dachauer Orgelbauer Quirin Weber herbeigeholt, um offenbare Unzulänglichkeiten, vermutlich wegen der großen Sonneneinstrahlung bzw. starke Kälteeinwirkung durch die drei großen Fenster auf die vier Blasbälge hinter der Orgel, zu beheben.

Der Hitze- bzw. Kältestau hinter der Orgel sollte wohl abgemildert werden.

Dazu wurde der Orgelschrank aufgeteilt auf einen Mittelteil und zwei getrennte Seitentürme, die von jetzt an nicht mehr auf den Betrachter ausgerichtet sind, sondern im 90-Grad-Winkel zum Hauptwerk stehen.

Um die Blasbälge den Witterungsschwankungen zu entziehen, gelangten sie nun unter ein 1,50 neu errichtetes Podest. Für die Seiten-

Eine Fotomontage kann den Eindruck der ursprünglichen Aufstellung nur bedingt vermitteln, liefert aber die Ahnung für einen typischeren Brandenstein-Prospekt. Nh.

türme waren „Schienen und Windschläuche“ <vgl. 1833, ebenfalls hier untergebracht.

Durch die Erhöhung werden Stuck und vor allem vier Grisaille-Fresken verdeckt. Zum neu geschaffenen Orgelpodium mit Balustrade führen ab jetzt an der Vorderseite von der Mitte aus zwei Treppen jeweils nach links bzw. rechts, in deren Zwischenraum befindet sich ein Notenschrank.

Die Fachwelt bezweifelt immer wieder, ob denn die überraschende Mettener Orgelaufstellung tatsächlich von Brandenstein stamme:

„… Singulärer ist wieder das Gehäuse von Metten. In drei getrennt stehenden Kästen unter Freilassung der Fenster…“[246]. „Am wenigsten läßt sich der spätere Personalstil Brandensteins an der Klosterorgel von Metten erkennen, die er 1727 [besser: 1726] fertiggestellt hat. Wäre seine Autorschaft nicht bezeugt, so würde man auch den Orgelsprospekt

246 Brenninger, Orgeln 1978, 85.

eher dem Orgelbauer Kaspar König von Ingolstadt zuschreiben…“[247]. „… die für Brandenstein überhaupt nicht typische dreigeteilte Orgelanlage in Metten…“[248].

Die Veränderungen gehen weiter. <1833 werden die Seitentürme stillgelegt, <1872 wird die Rückwand des mittleren Orgelschrankes zu Gunsten einer Erweiterung des Werkes abgebaut. Von da an gilt das ursprüngliche Brandenstein-Werk als aufgelöst. <1909 wird das Orgelpodest erneut in den unteren Emporenraum hinein verlängert, die mittlere Treppe abgebaut und durch zwei Seitenaufgänge ersetzt. Die Notenschränke befinden sich von da an in den zwei freien Fenstererkern. Grundlegend für die Umbauten waren Vergrößerungen des Orgelwerkes mit gleichzeitiger Suche nach mehr Platz für Instrumentalisten und Sänger. <1958 rückt der Spieltisch aus der Mitte hinaus, dafür wird eine der Schneckentreppen überbaut. Ein Rückpositiv auf der unteren Empore verstärkt das auf 42 Register erweiterte Werk. <1988 kann ein neues Orgelwerk in Betrieb genommen werden. Die <1833 stillgelegten Seitentürme wurden wieder einbezogen, ein Rückbau vor <1909 wurde bei dieser Maßnahme nicht vollzogen.

---

247 Fischer / Wohnhaas, Jahrbuch 1979, 88.
248 Fischer / Wohnhaas, Weltenburg 2014, 288.

Anhang 4: Disposition der Kirchenorgel von St. Michael

Hauptwerk C – a³ (I)

Bourdon 16′
Prinzipal 8′ (Prospekt)
Copula 8′
Viola da Gamba 8′
Oktave 4′
Blockflöte 4′
Quinte 2 2/3′
Superoktave 2′
Mixtur 2′ 5f.
Cornet 8′ 5f.
Fagott 16′
Trompette 8′
Clairon 4′

Positiv C – a³ (II)

Prinzipal 8′ (Prospekt)
Rohrflöte 8′
Quintade 8′
Oktave 4′
Spitzflöte 4′
Nazard 2 2/3′
Quarte de Nazard 2′
Tierce 1 3/5′
Larigot 1 1/3′
Fourniture 1 1/3′ 4f.
Cromorne 8′
– Tremulant

Récit expressiv C – a³ (III)

Flauta 8′
Salicional 8′
Voix céleste 8′
Prestant 4′
Flûte octaviante 4′
Octavin 2′
Plein Jeu 2 2/3′ 4-5f.
Cornet 2 2/3′ 3f.
Trompette harmonique 8′
Hautbois 8′
– Tremulant

Pedal C – f¹

Prinzipal 16′
Subbass 16′
Quinte 10 2/3′
Oktavbass 8′ (Prospekt)
Gedecktbass 8′
Choralbass 4′
Hintersatz 2 2/3′ 4f.
Posaune 16′
Trompete 8′

Mechanische Spiel- und Registertraktur
Koppeln I-P, II-P, III-P, III super-P, II-I, III-I, III-II
Elektronische Setzeranlage mit USB-Anschluss
Erbauer: Orgelbau Hubert Sandtner, Dillingen/Do. 1989
Intonation: Wolfgang Stöcker
Disposition: Alois Auer, Hubert Sandtner, Wolfgang Stöcker
Setzeranlage: Ludwig Eisenschmid 2016
Gehäuse: Conrad Brandenstein 1726
Gehäuserestaurierung: Fa. Sandtner und Fa. Hugo Preis, Parsberg
Stimmung: Werckmeister III modifiziert

Register

Fotos und Abbildungen

Für die Fotos sei gedankt:

Bayerische Akademie der Wissenschaften, Inschriftenkommission
Archiv der Abtei Metten (AAM)
Germanisches Nationalmuseum, München
Berthold Kress, Warburg Institut (Kr)
Norbert Neuhofer, Fotographenmeister (Nh)
Ulrike Samberger, Architektin (Sam)
Dr. Karl Schmotz, Kreisarchäologe, Deggendorf (Sch)
P. Thomas Winter OSB, Metten (Th)

Michael Kaufmann OSB

Chronik der Abtei Metten 766–2016

680 Seiten, Hardcover, 978-3-8306-7761-1, 29,95 €

Die 1250 Jahre umfassende Chronik von Metten möchte ein Gesamtbild über die vielfältigen Entwicklungen verschaffen, die das niederbayerische Kloster seit der Gründung im 8. Jahrhundert durchlaufen hat. Der Weg führte vom Rodungskloster zur Kommende, dann wieder zur Erneuerung des benediktinischen Lebens. Neue Aufgaben wuchsen in Seelsorge, Kunst und Wissenschaft hinzu. Besitztümer kamen und gingen, wurden geschenkt und wieder genommen. Politische, wirtschaftliche und kirchliche Entwicklungen wirkten sich beständig aus, kaum ein Jahrhundert konnte den Frieden genießen. Der Überlebenskampf schien verloren, als im Zuge der Säkularisation nicht nur ein Ende des klösterlichen Lebens, sondern die Zerschlagung des Klosterbesitzes verordnet wurde. Das kleine Metten erhielt dennoch die Gelegenheit, wieder von vorne anzufangen, und sich in Schule, Seelsorge, Wissenschaft und Handwerk zu entfalten. Als roter Faden der langen Geschichte ist wohl der Klosterpatron St. Michael zu betrachten, der als einziges Element seit der Gründung bis heute dem Kloster erhalten blieb.